# 國中生物一點都不難

第三版

張子方老師 著
凌文亭 插圖設計

生物原理太複雜＠_＠
想到就頭痛嗎？
只會死背
腦袋打結了嗎？

**陳大為老師熱情推薦**

幫你用邏輯解析生物

帶你進入國中生物新世界！

五南圖書出版公司 印行

# 推薦序／國中生物真的一點都不難

在自然科裡面，生物科是最需要背誦與理解的一科，但是，卻有許多同學學不好。原因無他，不得要領而已。

我在就讀國中時，國一的生物段考，記憶中都是考滿分。年長任教後執教自然課中的理化科，偶爾也配合補習班的要求教授生物科，原自認生物科高手的我，教起來卻沒有理化科流暢。正所謂「懂不代表會教」，這時才切實體會。

張子方老師是正統大學生物科系畢業，本職學能優秀。有次參觀他的上課，才知道生物課可以上得如此精彩，許多艱深難懂也難背誦的課程內容，他居然都能揮灑自若，學生們如沐春風，考試都得高分！這次他將絕學寫成《國中生物一點都不難》，必能嘉惠更多學子。

且來翻開本書，你將會知道，國中生物真的一點都不難！

陳大為 推薦

（太陽教學集團總召集人）

# 學生推薦序

從國三開始補習的我，當時大部分的科目都在水準之下，尤其是生物，對我來說那簡直就是文言文一般的存在，直到接受子方老師耐心的教導，總算是趕在會考前達到自己的期許，不過事情卻並沒有那麼容易，一直到高三要考學測前我開始拼命用功，而擺在我眼前最大的障礙又是生物，又是子方老師不厭其煩地幫我解惑，幫助我大幅提升自然的分數，非常感謝老師那幾年的指導，沒有你也沒有現在的我。

葉庭偉同學畢業於內湖高中現就讀於交通大學

離開了國中到了高中已經兩年多了，在其他科我或多或少都曾遇到了難關，但在生物這門課，我卻是一路暢行無阻，這一切都要歸功於子方老師為我打下的基礎。子方老師對於生物有他與眾不同的見解，一個觀念他會分很多步驟來說明，使原本一些看起來繁複的理論顯得淺顯易懂。相較於其他參考書，本書中的敘述方式，以及所舉的例子都較為貼近生活，能讓學生們在不知不覺中吸收，達到輕鬆學生物的目標。因此，如果對生物感到十分頭大，或是想讓生物更上層樓的同學們，這本書會是最佳選擇！

楊奇霖同學現就讀內湖高中

# 序

生物時常被認為是純背誦的學科，但實際上它有許多內容都是富含邏輯與連貫的，並非是完全的死背，所以當你來到這裡，請拋棄舊有的成見，重新學習這門饒富意味的學問。

你會發現本書的編排和一般國中生物不同，生物本就有多個科別，所以我們換個方式，把所有與章節標題有關的內容全部彙整，如此可以讓你一次學完一套完整的知識，而非在瑣碎的主題中到處學一點。

另外，木書會有很多「動動腦」問題，有些會給予解答，但也有些是沒有正確解答的題目，目的是希望你能多多活用自身思考來解答，也鼓勵你上網或是到圖書館自行查找資料，一邊學習生物，一邊培養學習的好習慣，絕對會對你的未來非常有幫助喔！

張子方

# 目　錄

# 第一章

# 生物與細胞

## 前言

在我們居住的地球，存在各式各樣的物質，而在這樣多采多姿的世界裡，有一個群體擁有和其他物質截然不同的系統，這個群體我們都稱為「生物」，在本章節，將會教導你，何謂生物？又如何去定義生物？帶你探究生物的本質。

### 動動腦

下列是生活中會出現的事物，請問哪些屬於「生物」呢？

(1) 桌子　(2) 螞蟻　(3) 鞋子　(4) 手機　(5) 蚊子

答：(2)、(5)，後續就會解答為什麼！

# 主題一　學習定義生物

地球上的事物百百種，但在生物學上其實非常的單純，將地球上的所有東西二分法為「生物」與「非生物」兩種。

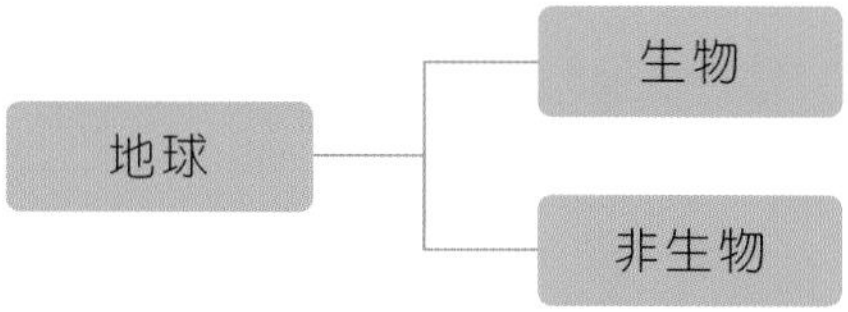


那麼我們又如何區分誰算是生物呢？答案就是「生命現象」。

生命現象是所有生物皆會表現的特徵，一般有以下幾種：

| 生命現象 | 解釋 | 舉例 |
|---|---|---|
| 生長 | 生物發育並成長與成熟 | 人類長高、植物發芽成長 |
| 生殖 | 產生新的個體以延續生命 | 鴿子下蛋並孵育 |
| 感應 | 對環境給予的刺激做出反應 | 腳踩釘子立刻縮回 |
| 代謝 | 生物體內的合成或分解反應 | 人體消化食物並吸收利用 |

## 主題二　生物生活在地球的哪裡？

既然已經學會判斷誰是生物了，再來就要探討與生物的生存問題，雖然一般都說生物是生存於地球，但若要講得更精確應該是生活在「地球的表面上」，畢竟地球內是石頭與滾燙的岩漿，通常生物不可能生存在裡面的喔！

1. 所以我們將生物在地球上生存的地方，稱為「生物圈」。
2. 生物圈的範圍是從海平面開始計算上下各10公里。

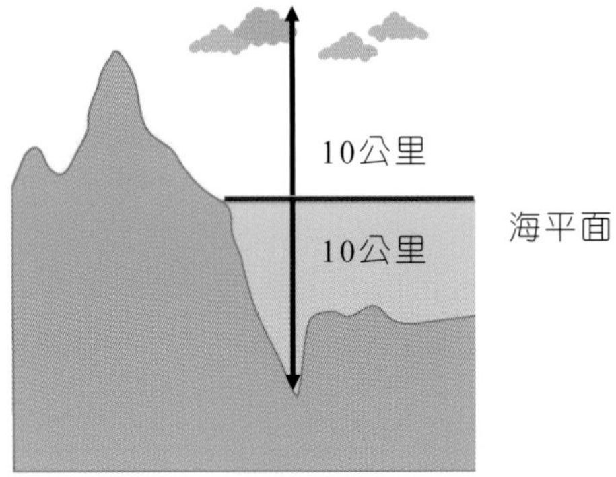


**生物圈**

生物圈知識小提點：

- 生物圈範圍並非不變，各地皆有不同。
- 因為各地範圍不同，定義的10公里是平均值。
- 愈靠近生物圈邊緣，生物的數量愈少。

### 動動腦

請你翻閱書籍或上網查詢地球的大小，再想想生物圈是否在地球上占有很大一部分，並試著去形容它們之間的關係。

參考解答：

地球半徑大約是6400公里左右，而生物圈總共約20公里。

對地球來說生物圈占非常小的一部分，像是蘋果與果皮的關係。

# 主題三　細胞

前面小節的內容對生物的講解，都還只是較淺的內容，本節會從不同的方向切入生物，讓你了解組成生物最基本的單位——細胞。

## (一) 發現細胞的歷史

西元1665年，英國科學家虎克利用他改良的顯微鏡，觀察各種小物，在觀察到軟木塞時，看見許多小格子，他覺得很像傳教士住的小房間，所以將其稱為「cell」，也就是「細胞」。但實際上虎克只是看見死亡植物細胞留下的細胞壁，並非觀察到活細胞。爾後，科學家開始研究細胞與生物間的關係，其中德國的兩位科學家許來登與許旺，提出了「細胞學說」最初的概念。

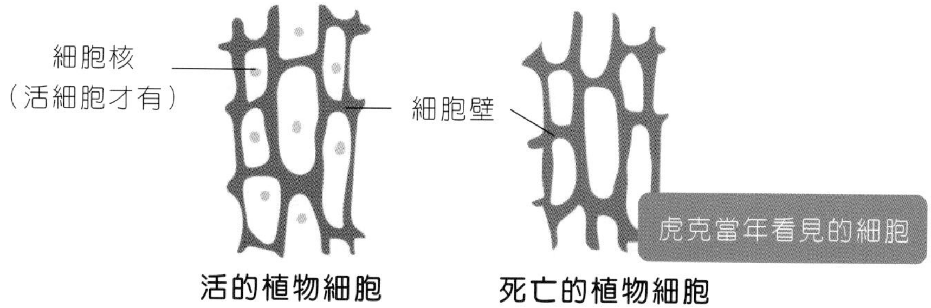


**【細胞學說】**

細胞是組成生物功能與構造的基本單位。

## ㈡細胞如何構成生物

細胞學說的概念——所有生物皆由細胞構成。

而構成生物的方式有兩種：

1. 個體[1]只由一個細胞構成的單細胞生物。
   這類的生物一個細胞就能完成所有生命現象喔！
2. 個體由許多細胞組成的多細胞生物。
   此類型是多個細胞的分工合作，所以每個細胞會有自己的功能。

**※單細胞生物與多細胞生物的比較**

| 生物種類 | 單細胞生物 | 多細胞生物 |
| --- | --- | --- |
| 個體細胞數 | 1個 | 多個 |
| 一個細胞的功能 | 多 | 少 |
| 一個細胞獨立性 | 高 | 低 |
| 細胞間分工 | 無 | 有 |
| 舉例 | 草履蟲、眼蟲 | 植物、動物、多數真菌 |

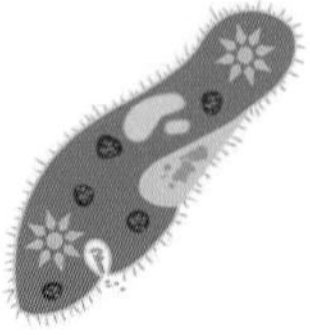
草履蟲

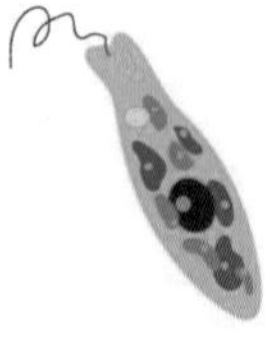
眼蟲

酵母菌

**小知識**

酵母菌屬於眞菌，但它是單細胞生物喔！

【1】個體：用來指一隻生物。

## (三) 多細胞生物的組成

多細胞生物由多個細胞組成，細胞間會進行分工，所以在同一個體身上會具有各種不同功能的細胞，我們會從細胞到組成個體分出多個層次：

細胞 ➡ 組織 ➡ 器官 ➡ （器官）系統 ➡ 個數

（植物沒有）

**※定義與舉例**

| | | | | | |
|---|---|---|---|---|---|
| 定義 | 細胞<br>生物基本單位 | 組織<br>同功能細胞聚集 | 器官<br>功能相近的組織聚集形成 | （器官）系統<br>功能相關的器官聚集形成 | 個體<br>一隻生物 |
| 動物組成 | 肌肉細胞、<br>內皮細胞、<br>神經細胞 | 肌肉組織、<br>內皮組織、<br>神經組織 | 胃、小腸、大腸…… | 消化系統、<br>神經系統、<br>內分泌系統 | 人、貓、狗、鯊魚、鯨 |
| 植物組成 | 表皮細胞、<br>運輸細胞、<br>葉肉細胞 | 表皮組織、<br>運輸組織、<br>葉肉組織 | 根、莖、葉、花、果實、種子 | 植物沒有器官系統 | 玫瑰、玉米、水稻、竹子 |

## ㈣ 細胞的構造與功能

現今對細胞內的構造大致已研究，雖然生物有諸多分支，不過學習細胞時就先從動物與植物兩大類學起，兩種細胞構造差異不大，先來看一下有什麼構造吧！

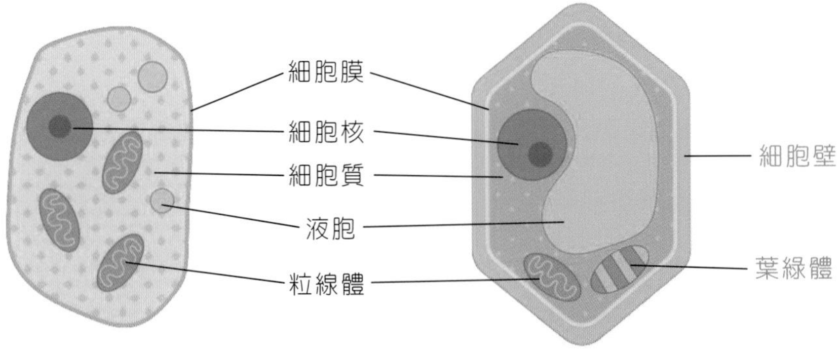


**動物細胞**　　**植物細胞**

由上圖看出植物多出**細胞壁**與**葉綠體**兩個構造，以下是各個胞器功能的整理：

| 構造 | 功能介紹 |
| --- | --- |
| 細胞膜 | 圍在細胞外層，可以控制物質進出細胞，被稱為「細胞門戶」 |
| 細胞核 | 細胞的生命中樞，內含有遺傳物質（DNA） |
| 細胞質 | 被細胞膜包起的液體，分布各種胞器 |
| 液胞 | 用於儲存養分、水分、廢物等，植物量少大顆，動物量多小顆 |
| 粒線體 | 細胞產生能量的場所，被稱為「細胞發電廠」 |
| 細胞壁 | 動物沒有，包在細胞膜外，纖維素構成，負責保護支撐 |
| 葉綠體 | 植物獨有，具有葉綠素，可行光合作用 |

以上介紹的是細胞都有的構造，但在多細胞生物中細胞會進行分工，所以在功能不同的細胞就會有不同型態，功能與型態兩者間是息息相關的喔！

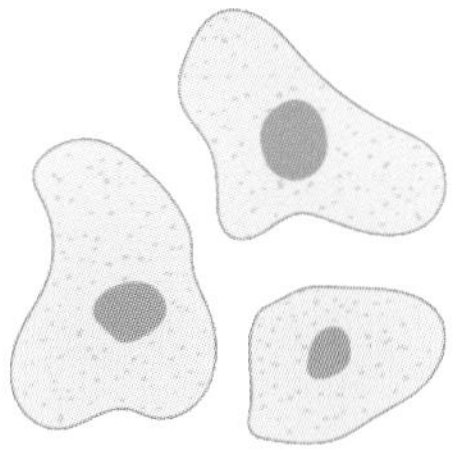

口腔皮膜細胞
扁平狀
具保護作用

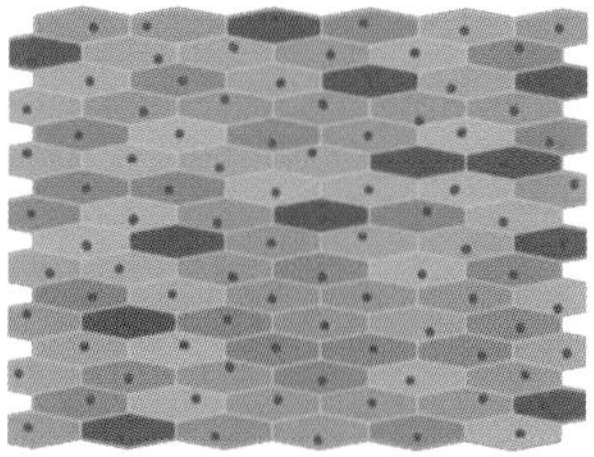

洋蔥表皮細胞
緊密排列
具保護作用

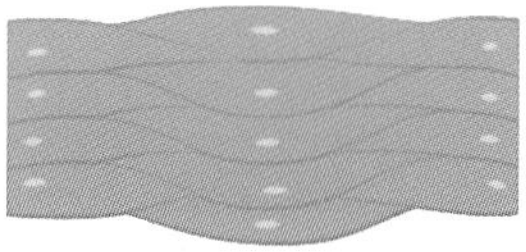

肌肉細胞
紡錘狀
負責運動收縮

紅血球細胞
雙凹圓盤狀
負責運送氧氣

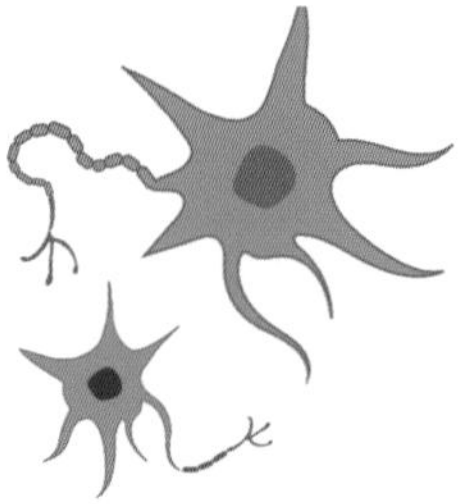

神經細胞
細長具突觸
負責傳遞訊息

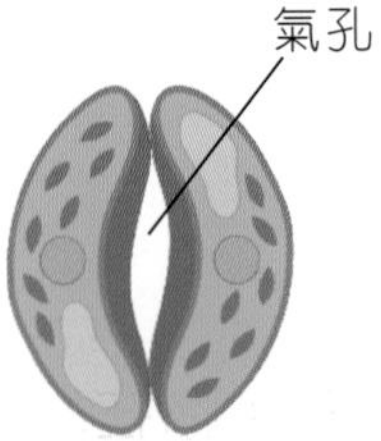


保衛細胞
半月形
控制氣孔開關



## ㈤ 細胞組成物質與運輸

組成細胞的物質主要為水、醣類、蛋白質、脂質等分子，而這些分子主要是由碳、氫、氧、氮等原子組合成的。

水分子

氧氣分子

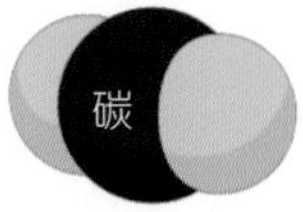


二氧化碳分子

分子在互相結合後會變成更大的分子，如葡萄糖可以組成澱粉或纖維素，胺基酸會組成蛋白質，再由這些大分子去構成細胞。那麼細胞又是如何獲得這些物質的呢？在前面細胞的內部構造有提到，有一個胞器能夠控制物質進出細胞，就是「細胞膜」，但在講解物質進出前要先了解一個現象，名為「擴散作用」。

**【擴散作用】**

定義：自然情況下，物質會從**高濃度**往**低濃度**的地方移動。

例：你在水中滴入藍墨水，一段時間後整杯都會是藍色。

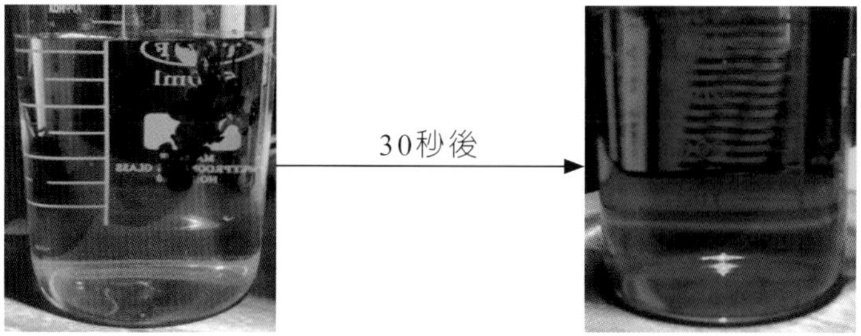


物質進出細胞的方式，多是依靠擴散作用進行，但由於分子大小不同或構造的關係進出細胞膜的方式也不同，一般有幾種情形：

1. 直接擴散作用，通常分子小，可以直接穿過細胞膜。
   例：氧氣、二氧化碳、水。
2. 借助細胞膜上的蛋白質通道通過。
   例：葡萄糖、胺基酸、礦物質、水。
3. 分子過大，無法通過細胞膜，若要通過會先分解再進入細胞。
   例：澱粉、蛋白質。

**小知識**

這些蛋白質通道是有專一性的，一種通道只會運送一種物質。

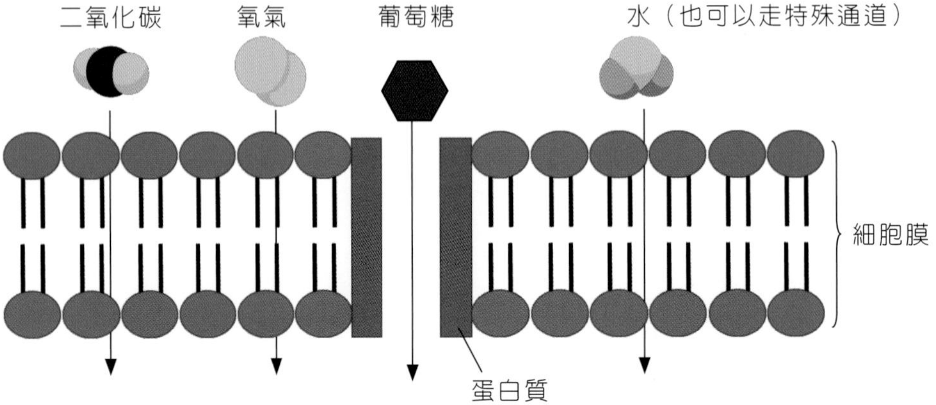


由於水對於生物來說非常重要，含量也是最多的（人類約有65%～70%），所以在水的部分延伸出了另一概念，稱為「滲透作用」。

**【滲透作用】**

定義：特指水藉由擴散作用通過細胞膜的現象。

觀念提點：所以水會從**水濃度高**向**水濃度低**的地方移動。

**※動植物細胞的滲透作用，將細胞不同濃度的食鹽水溶液。**

| | 高濃度溶液（水進入 < 水出來） | 生理食鹽水（水進入 = 水出來） | 低濃度溶液（水進入 > 水出來） |
|---|---|---|---|
| 動物細胞 |  萎縮 |  不變 | 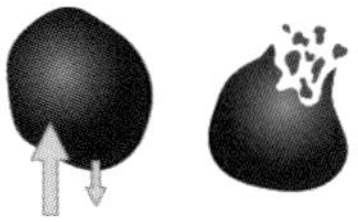 膨脹並破裂 |
| 植物細胞 | 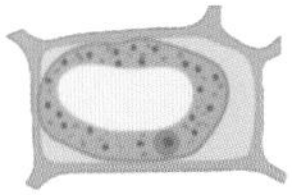 細胞質萎縮 | 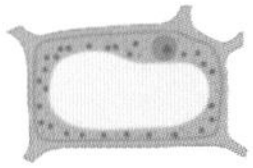 不變 | 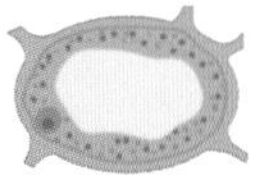 膨脹但不破裂 |

※生理食鹽水和細胞內的濃度相同

## ㈥細胞的分裂

所謂細胞分裂即細胞進行分裂後數量變多的過程，但在這裡常常有人誤會一件事，我們就以人類來舉例，你身上的細胞並不是都在進行細胞分裂，只有一部分的細胞會比較常進行，如常常消耗的皮膚細胞、身上受損需要修補的地方、男女的生殖細胞等，且細胞分裂的目的也不盡相同。

在細胞分裂時，細胞內的構造都會複製一份，以方便分入兩個細胞內，而細胞核內的遺傳物質也會在細胞分裂前複製、濃縮成染色體，並在分裂時分至兩個細胞。

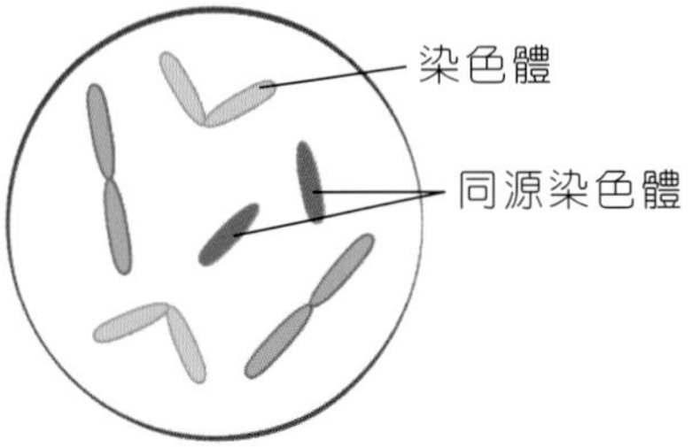


細胞與染色體

**小知識**

一般細胞分裂時，遺傳物質會濃縮成染色體，且染色體在細胞內都會有另一條大小相近、形狀也相近的染色體，我們會將這兩條染色體稱為——同源染色體。

說明細胞分裂前，要先對細胞生活有所理解，每個細胞都有自己的功能和存在的目的，不過所有細胞的生命週期都可以分為兩個部分：

1. 間期：占據細胞週期90%的時間，負責生理活動和準備分裂。
2. 細胞分裂期：從細胞開始分裂到結束，時間非常短。

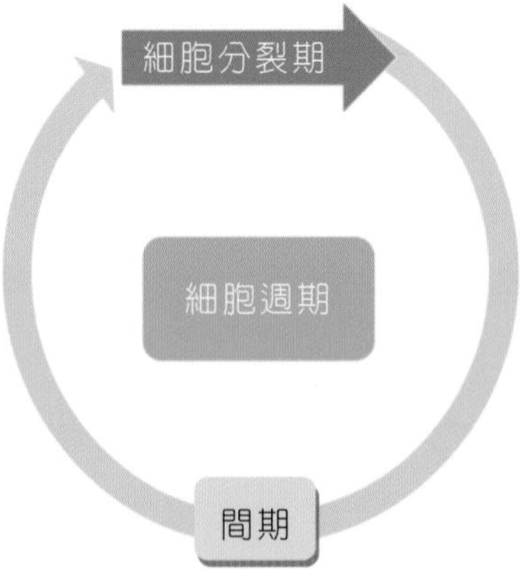


細胞週期

若細胞要進行分裂，要分到不同細胞的胞器、遺傳物質都會在間期複製完成，所以真正分裂的時間很短暫。一般而言，細胞要分裂的目的有兩種，第一種是為增加個體的細胞數目，此類我們稱為細胞分裂，第二種是為了要產生配子（即精子或卵子）而做的減數分裂，雖都是增加細胞數目，但過程會有所不同，所以請一定要仔細比較兩者差異。

**動動腦**

在進入細胞分裂與減數分裂前，你能就它們的目的，想出它們之間有何差別嗎？

1. 細胞分裂：為增加細胞而做，染色體複製一次，細胞分裂一次，產生兩個細胞。

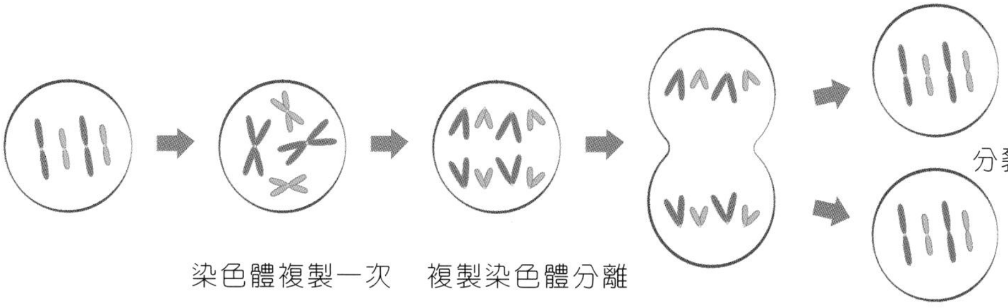

2. 減數分裂：為產生配子而做，染色體複製一次，細胞分裂兩次，產生四個細胞。

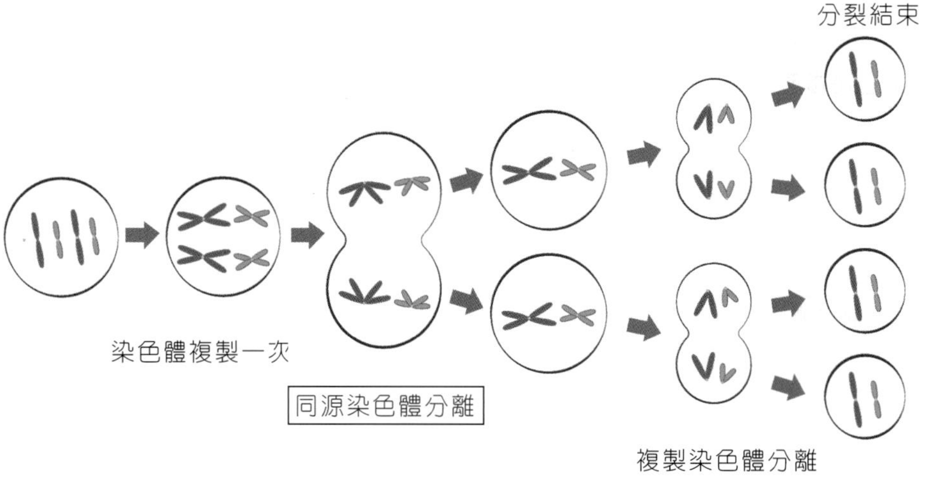


※分裂完產生的細胞稱爲子細胞

看完兩種分裂之後，應該能找出兩者明顯的不同，減數分裂比細胞分裂多分裂了一次，並且減數分裂的同源染色體分離了，所以你應該有發現細胞分裂完的細胞染色體數目和原來的一樣，但減數分裂後的細胞染色體數目只剩原來的一半，以上是兩者大致的比較，至於為何需要減至一半，會在下一章動物的生殖部分做解釋。

※細胞分裂與減數分裂比較

| | 細胞分裂 | 減數分裂 |
|---|---|---|
| 分裂次數 | 1次 | 2次 |
| 子細胞數 | 2個 | 4個 |
| 染色體複製 | 1次 | 1次 |
| 同源染色體分離 | 無 | 有 |
| 子細胞染色體數 | 和原細胞相同 | 只有原細胞的一半 |
| 發生細胞 | 體細胞※ | 生殖細胞※ |
| 目的 | 增加細胞數量 | 產生配子 |

※體細胞：個體身上除了生殖細胞以外的細胞。

※生殖細胞：個體身上負責產生配子的細胞。



## 主題四　顯微鏡

顯微鏡是用來觀察微小物體的工具，而在研究生物時常會需要觀察細胞或生物的微小構造，所以顯微鏡就變成了研究生物使用率極高的器材。這項器具並非近代才出現的，早在十六世紀的詹森就已經發明，在先前提到發現細胞的虎克是進行改良，其他像是雷文霍克也同樣是改良顯微鏡，延續至今已有將近500年歷史，現代顯微鏡可比那時又更強大了！

初學階段會見到的顯微鏡共兩種，原理都是利用光來觀察物體，都屬於光學顯微鏡，除了了解顯微鏡構造外，也要學會使用它們。

複式顯微鏡

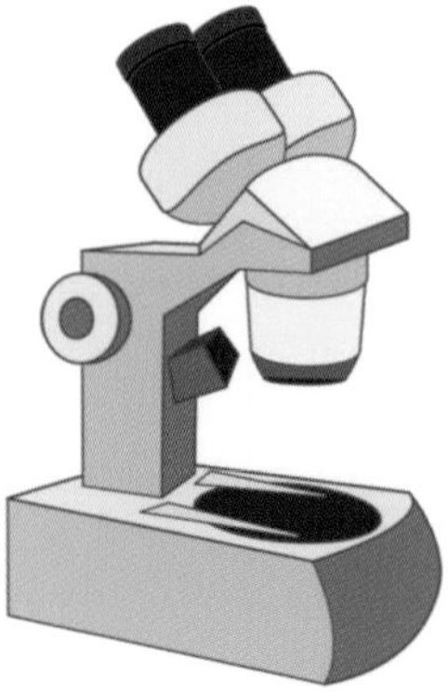
解剖顯微鏡



## 1. 複式顯微鏡

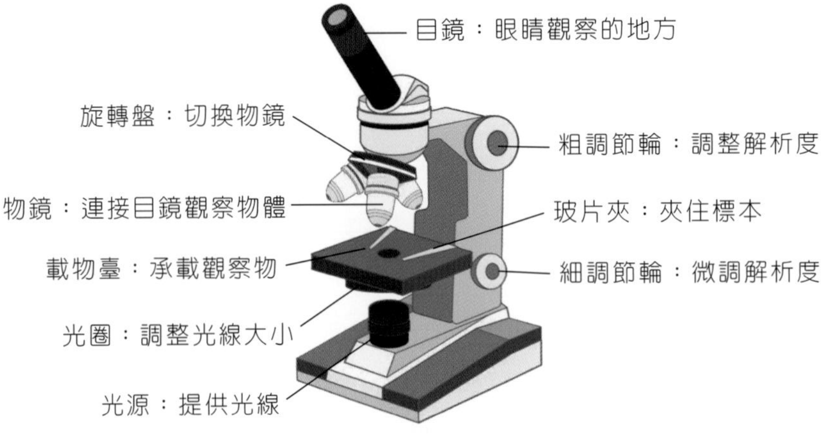

※使用方法

1. 打開光源，準備好觀察物，放上載物臺，用最低倍率的物鏡開始觀察。
2. 利用粗調節輪調整，直到可以清楚觀察，再用細調節輪微調。
3. 影像清晰後即可記錄，若光線不足或太亮可調整光圈。
4. 若想更換成更高倍的物鏡，要先將觀察物移回中央，再換高倍物鏡。
5. 在高倍物鏡只能調整細調節輪。

※顯微鏡倍率計算：目鏡倍率 × 物鏡倍率

※複式顯微鏡觀察結果討論

複式顯微鏡觀察結果

P
（觀察物）

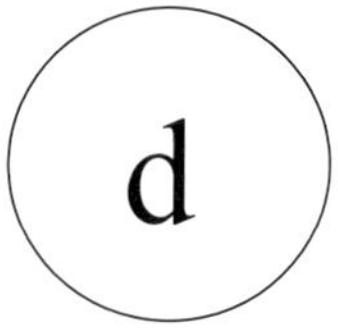


以複式顯微鏡觀察物體的影像會「上下顛倒，左右相反」

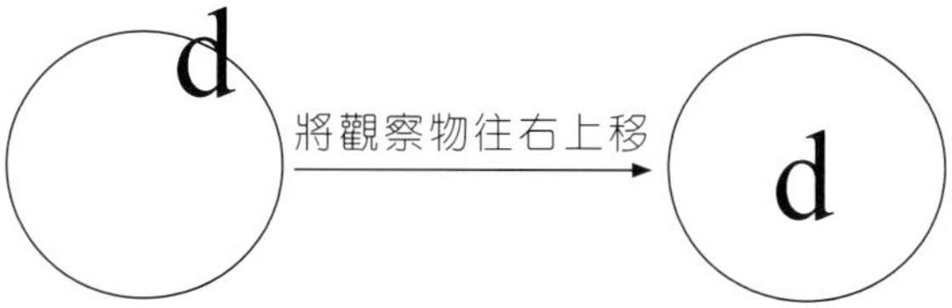


假設觀察往右上偏移，因為影像是上下左右都顛倒，物體實際上是在左下，所以在移動時要往右上移動。

**小提點**

複式顯微鏡標本移動需要思考一下，其實標本往哪跑就往哪移就對了！

※高倍鏡和低倍鏡的討論

| | 視野 | | 觀察物 | | 亮度 | | 目鏡鏡筒 | 物鏡鏡筒 |
|---|---|---|---|---|---|---|---|---|
| | 大小 | 亮度 | 大小 | 數量 | 光圈 | 光源 | | |
| 高倍鏡 | 小 | 暗 | 大 | 少 | 調大 | 調亮 | 短 | 長 |
| 低倍鏡 | 大 | 亮 | 小 | 多 | 調小 | 調暗 | 長 | 短 |

## 2. 解剖顯微鏡

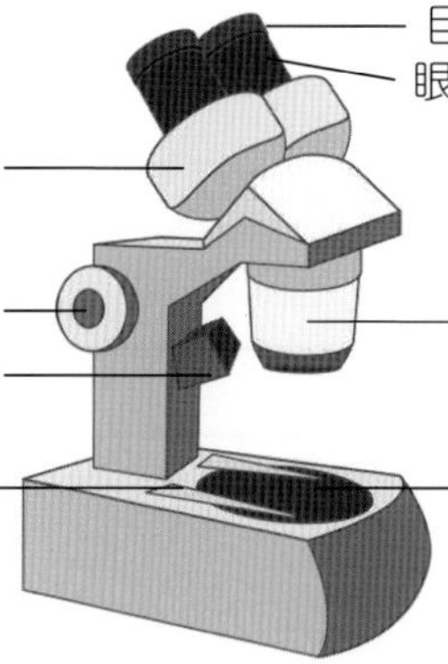


※使用方法

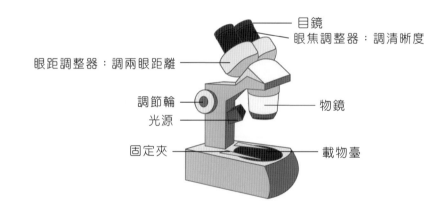

1. 打開光源，觀察物準備好，放到載物臺上，調整眼距。
2. 閉右眼、開左眼利用眼焦調整器調整，直到可清楚觀察，再調整右眼，使兩眼重合。
3. 影像清晰後即可紀錄。

## ※解剖顯微鏡觀察結果討論

解剖顯微鏡觀察結果

P
（觀察物）

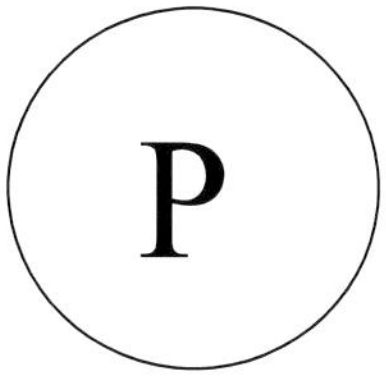


以解剖顯微鏡觀察物體的影像會放大，但和原本方向相同

以上是第一章的內容，恭喜你完成了生物學的第一篇章，相信你對生物的本質應有更多的理解，之後也請跟我們一起探索生物，它是一門具有深度，卻最貼近你的一門學問，在下一章節，我們將會開始討論有關「動物」的內容，你應該能在其中更加了解自己身體的運作喔！

# 第二章

# 動物

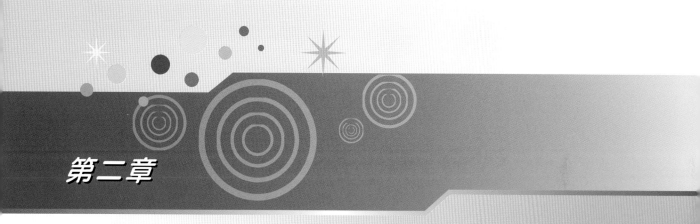

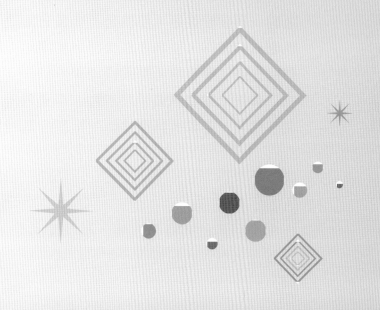

## 前言

在前一章節的內容是在為各位學習生物時，先打下良好的地基，就和學習任何事物一樣，將基礎打好後，後續的內容才可事半功倍，而在此章會將初學階段所需學習的「動物」內容做詳細講解，從此開始就稍微有點深度囉！

# 主題一　動物如何獲得能量

生物為了生存會發展各式各樣的型態，但不論是變成怎麼樣，都無法逃開一個重要課題，那就是「能量」的問題，就像機械需要添加燃料，消耗燃料來運作，生物在做大部分的事也需要消耗能量才可以進行，所以我們就先來了解動物如何取得能量。

首先，動物需要「吃東西」來獲得能量，各位可以想想平常所吃的食物，然而，並非所有食物都能給你能量喔！

**動動腦**

就你目前的知識來想想，為什麼有些食物無法給你營養或能量，但還是有很多人和你說一定要吃呢？

## 1. 六大營養素

我們在日常中所吃的食物、喝的飲品中所含營養，大致分成以下六種：

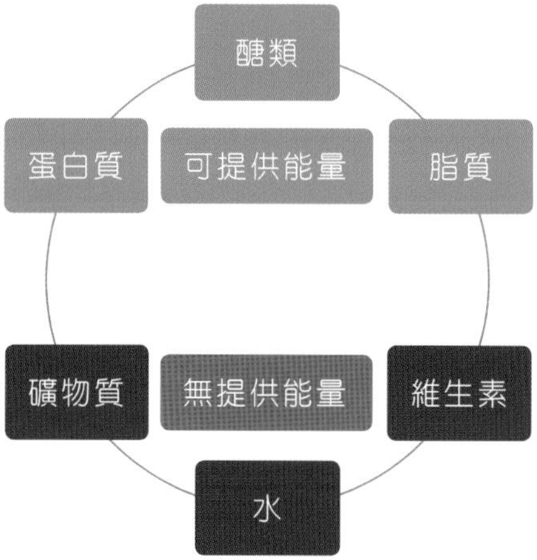


這六類物質會依照能不能提供能量分成兩組。

可提供能量

| 物質 | 提供能量 | 作用 | 舉例 |
|---|---|---|---|
| 醣類 | 每公克4大卡※ | 生物主要能量來源 | 澱粉、纖維素 |
| 蛋白質 | 每公克4大卡 | 構成頭髮、指甲、肌肉、酵素 | 蛋、肉、豆 |
| 脂質 | 每公克9大卡 | 儲存多餘的能量、可保護內臟或保暖 | 奶油、花生 |

※大卡：是一種能量的單位，通常用來表示食物的熱量，食物包裝上都會寫。
但食物包裝上的是人類可利用的能量，不是食物本身的熱量喔！

### 無提供能量

雖不能提供能量，但可維持生理機能，所以還是必要的。

| 物質 | 作用 | |
|---|---|---|
| 水 | 占生物整體物質65%～70%，可溶解物質、運送物質、調節體溫等 | |
| 礦物質 | 鈣 | 骨骼、牙齒的主成分 |
| | 鐵 | 紅血球的組成元素之一 |
| 維生素 | 維生素C | 缺乏導致敗血症※ |
| | 維生素A | 缺乏導致夜盲症※ |
| | 維生素D | 缺乏導致軟骨症※ |

※敗血症：缺乏維生素C後免疫力下降，導致全身受多種細菌感染，而維生素C在新鮮蔬果中最多，故以前的海盜或遠洋航行的人，由於無法吃到而常受苦於此症。

※夜盲症：顧名思義，在夜晚視力會變得特別不好，甚至看不見。

※軟骨症：缺乏維生素D導致體內鈣磷無法平衡，會生長出過度柔軟的骨頭。

## 2. 酵素的作用

動物由各種途徑吃到物質之後，就直接拿來用了嗎？

答案是：並非如此！這些物質對於生物體來說分子太大，沒辦法被直接吸收，所以使用前要將大分子分解成小分子。

澱粉（大分子）→ 葡萄糖（小分子）→ 生物利用

上面澱粉分解成葡萄糖的反應，自然情況下就會發生，但速度真的太慢了！所以生物在漫長的演進裡，發展出了一個極度有效率的輔助物質，稱為「酵素」，俗稱「酶」。

酵素是由蛋白質所組成，它就像是工廠裡的工人一樣，將產品進行組合或是拆解，而在生物體內就是將物質合成或是分解，而且速度快又可重複進行，可說是生物體不可或缺的一員。

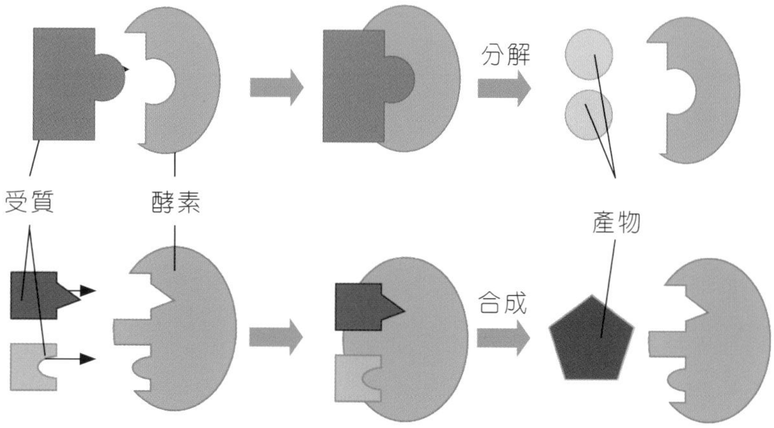


**酵素作用**

酵素作用時的幾個重點：

1. 和酵素結合的物質稱為「受質」，酵素只會和特定受質結合，此為酵素的專一性。
2. 酵素會將受質進行合成或分解，而且酵素可以重複使用，此為酵素的重複性。

3. 因為酵素是催化劑[1]，所以作用完之後不會改變或損壞。

酵素在體內又是進行哪些反應來幫助生物呢？

| 反應 | 舉例 |
|---|---|
| 分解反應 | 1. 呼吸作用：葡萄糖+氧氣→水+二氧化碳+能量<br>2. 光合作用的光反應：水→氧氣+能量<br>3. 消化作用：澱粉→葡萄糖<br>蛋白質→胺基酸<br>脂質→脂肪酸+甘油 |
| 合成反應 | 1. 動物儲存養分：葡萄糖→肝醣<br>2. 植物儲存養分：葡萄糖→澱粉 |

以上只是生物體內的冰山一角，但在初學階段先認識這些即可，另外，酵素在進行反應時，對於周圍環境都會有一些要求，例如：溫度、酸度等。

當溫度、酸鹼度這些環境條件，不適合酵素的時候，酵素的活性（發揮作用的能力），會受到影響。

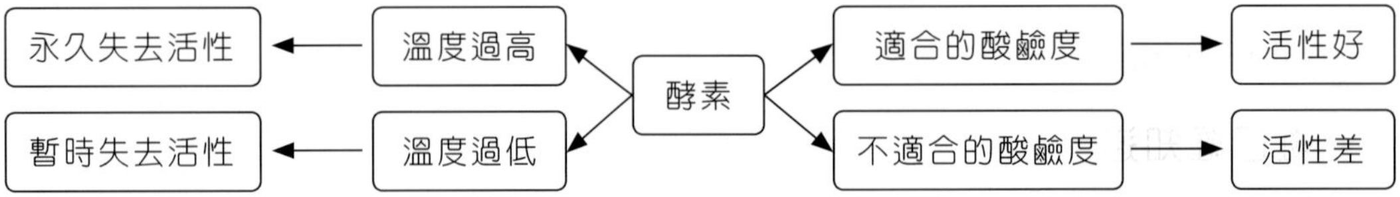


[1] 催化劑：化學反應加速反應的角色，但反應前後不改變。

人體內的酵素大多都是在37℃作用是最好的，酸鹼度則要看酵素所在的地方，如在口腔適合中性，胃中適合偏酸性的環境，小腸則是適合偏鹼性的環境。

※酵素活性表示方式 ——▶ 一條曲線代表一種酵素

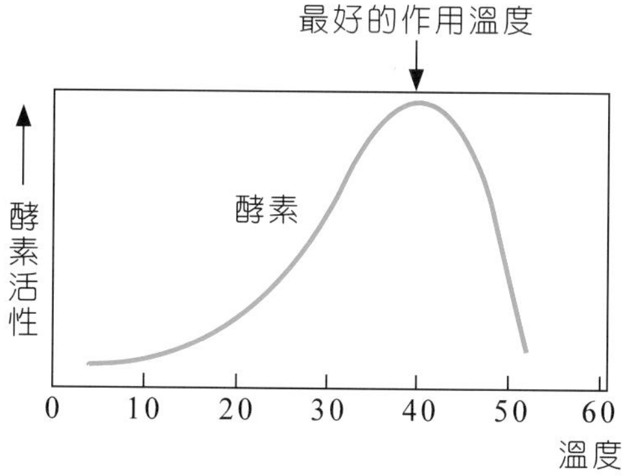


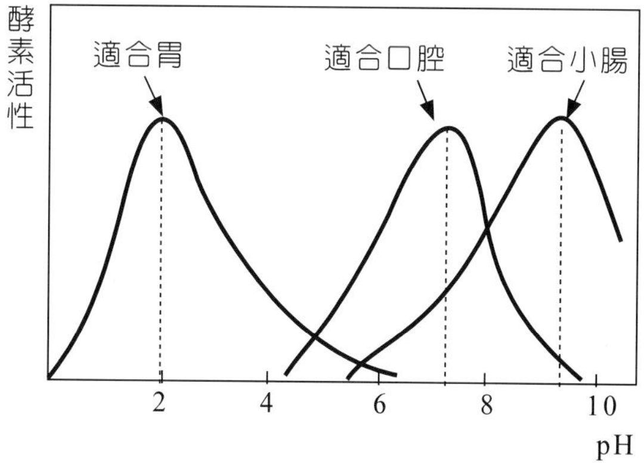


※pH值：用來代表酸鹼度，一般7為中性。數字愈小愈酸，愈大則愈鹼。

## 3. 人體獲得能量的方式——消化系統

雖已經知道動物獲得能量的途徑，不過畢竟生而為人，在學習上我們永遠要更進一步，去了解得比其他生物更多。

在這裡要介紹的是我們身上負責消化與吸收的「消化系統」，這在前面生物體組成層次有稍稍提過，接下來你將會更深入的了解它。

## 人體的消化系統

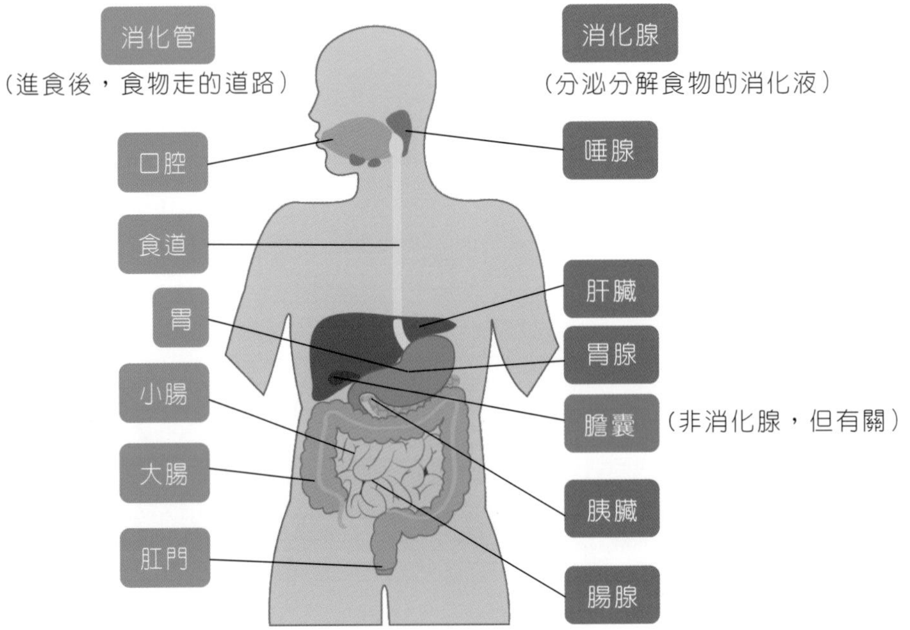


## 消化液注入

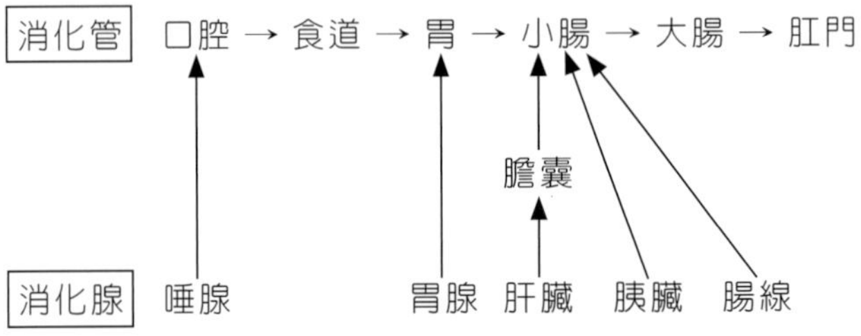

人體消化系統，各自有不同的功能，接下來會用表格整理各個部位的功能：

| 構造 | 消化管功能 | 消化腺 | 消化液（酵素） | 分解養分 |
|---|---|---|---|---|
| 口腔 | 牙齒咀嚼食物、舌混合食物和唾液 | 唾腺 | 唾液（唾液澱粉酶） | 澱粉→麥芽糖 |
| 食道 | 運送食物 | | | |
| 胃 | 儲存食物、消毒食物、磨碎食物 | 胃腺 | 胃液（胃蛋白酶） | 蛋白質→胺基酸 |
| 小腸 | 內含許多皺褶和絨毛分解養分主要地點，吸收養分、水分的主要地點 | 肝臟分泌，暫時存放在膽囊 | 膽汁（不含酵素） | 乳化脂肪※ |
| | | 腸線 | 腸液 | 分解醣類、蛋白質 |
| | | 胰臟 | 胰液 | 分解醣類、蛋白質、脂質 |
| 大腸 | 吸收剩餘的水分、食物殘渣，形成糞便 | | | |
| 肛門 | 排出糞便 | | | |

※腸液與胰液也有酵素，但數量太多就不一一列出。

※乳化脂肪：將大顆的脂肪切成小顆的脂肪，並非分解，只是變小顆！

### 小腸吸收養分的方式

小腸是人體吸收養分的主要地，小腸內壁上有許多像下圖一樣的突起，此構造稱為絨毛，內部有血管與乳糜管，分別運輸不同種類的養分。

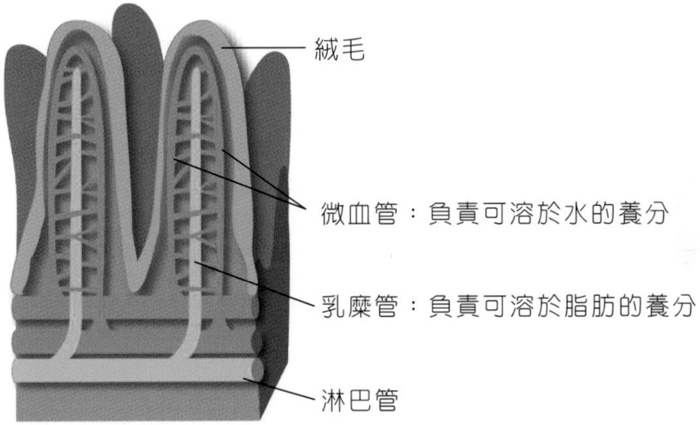


**小腸絨毛**

在這裡用微血管和乳糜管為下個小節做了開頭，這兩個構造實際上是身體另外兩個系統的一部分，動物與能量也在此告一段落，不知道你是否更了解能量對於動物的重要性了呢？

## 主題二　動物的運輸

這一節，我們要講解生物運送物質的方式，前面所說的是生物製造能量的方式，但製造能量的這些材料，在進入身體後是如何運送到各部位還未說明。

地球上的生物運送方式大致分為三種，依照出現順序是擴散作用、開放式循環、閉鎖式循環，使用擴散作用的生物是直接和環境交換物質，若忘記了可以回去看前一章節的內容，這種交換方式通常是構造較簡單的單細胞生物在使用。

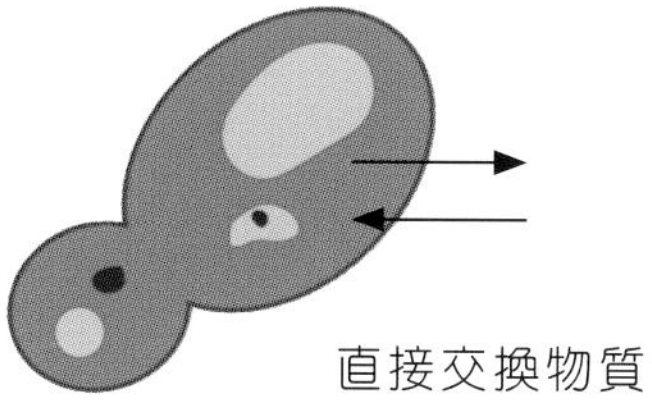

擴散作用

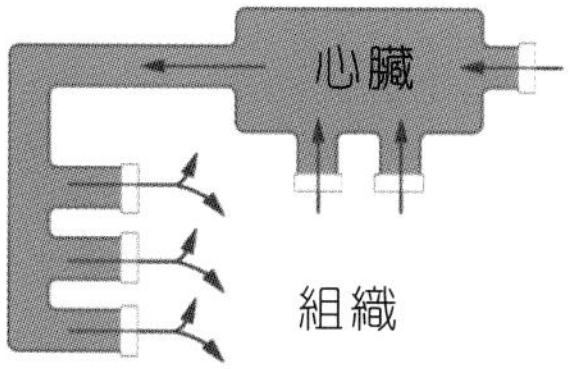

開放式循環

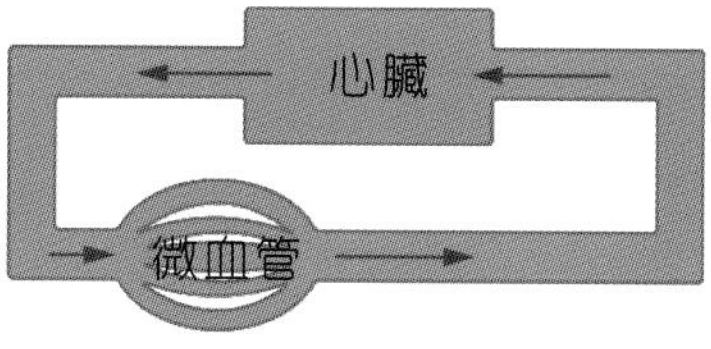

閉鎖式循環

開放式循環和閉鎖式循環是多細胞生物主要的運輸方式，由於身體構造較複雜，他們演化出了特殊的管線運送體內物質，兩者的差異在於心臟把血液打出去後，開放式循環血液會直接滲進身體各個組織裡，但閉鎖式循環不會，而是靠微血管來和身體組織交換物質。

| 循環方式 | 有無心臟 | 交換物質方式 | 舉例 |
|---|---|---|---|
| 開放式 | 有 | 直接流進組織 | 昆蟲、魚類 |
| 閉鎖式 | 無 | 在微血管交換 | 兩生類、蚯蚓、人類 |

那麼一樣以人的運輸系統來做例子，人體專門運輸的系統稱為「循環系統」，先介紹所包含的器官：

## 1. 心臟

這個相信你多少都有聽過，它是驅動整個循環系統的器官，像是幫浦藉由收縮把血液打出去，並走過全身各個部位。

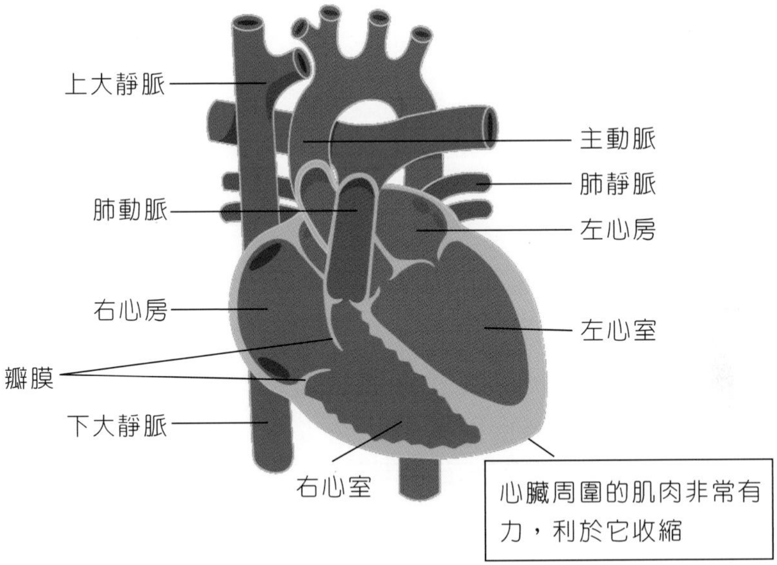


※收縮方式：心房收縮會將血液打入心室，心室收縮時會將血液打入動脈。
※心房、心室間與心室動脈間的瓣膜是爲了防止血液逆流。

## 2. 血管

如果說心臟是幫浦，那麼血管就像是管線，負責運送心臟打出來的血液，且遍布全身。人體的血管共有動脈、靜脈、微血管三種，這三種血管不論在外型或是功能，都有所不同，讓我們先來比較一下：

| 血管 | 剖面圖 | 管壁厚度 | 血管彈性 | 血壓大小 | 血液流速 | 運送方向 |
|---|---|---|---|---|---|---|
| 動脈 |  | 最厚 | 最好 | 最大 | 最快 | 將血送離心臟 |
| 微血管 | 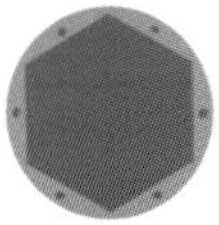 | 最薄 | 最差 | 居中 | 最慢 | 將血從<br>動脈送到靜脈 |
| 靜脈 |  | 居中 | 居中 | 最低 | 居中 | 將血送回心臟 |

※微血管管壁是非常薄的，只有一層內皮細胞圍起來。

※靜脈也有瓣膜喔！

而人類屬於閉鎖式循環，所以這三種血管在體內是連在一起的，連接的順序是動脈→微血管→靜脈，在這裡請你謹記這個原則，這樣在後面學習血液循環的時候，會更加的簡單。

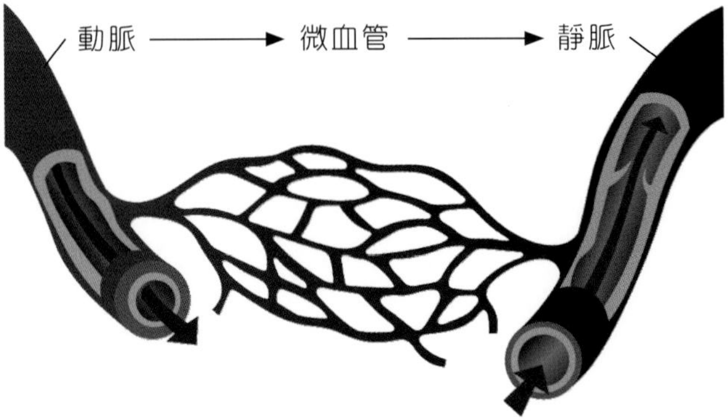


血液運送方向



## 3. 血液

循環系統的最後一個成員，不論何時都在血管內奔跑的血液，血液主要由血漿和血球組成。

血漿：占血液55%，主成分為水和蛋白質，可運送養分、激素、代謝廢物、抗體等。

血球：占血液45%。

| 血球 | 形狀 | 數量 | 大小 | 細胞核 | 功能 |
|---|---|---|---|---|---|
| 紅血球 | 雙凹圓盤狀 | 最多 | 居中 | 無 | 運送氧氣 |
| 白血球 | 圓球形 | 最少 | 最大 | 有 | 吞噬病原體 |
| 血小板 | 不規則 | 居中 | 最小 | 無 | 幫助血液凝固 |

紅血球

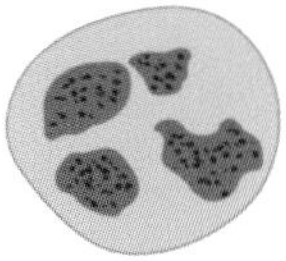

白血球

血小板

以上是循環系統的全部成員，接著就整理血液循環全身的路徑：

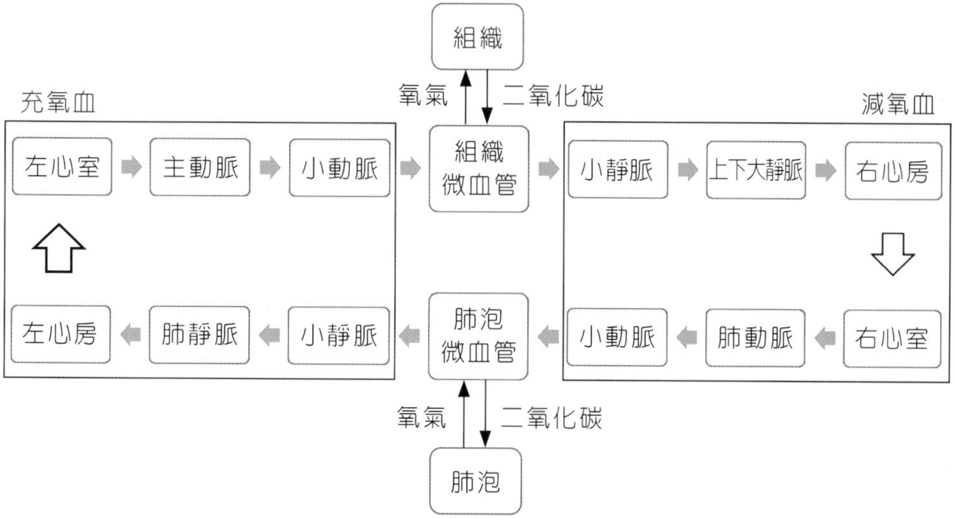


血液循環

※重點提示：

1. 循環分為體循環和肺循環兩部分，圖中即為上下排，分別走全身和肺的循環。

2. 血液在左半部的血管為充氧血（充滿氧氣的血），右半部為減氧血（氧氣量少的血）。

3. 組織與肺泡是以擴散作用交換物質。

4. 動脈都是充氧血，除了肺動脈；
靜脈都是減氧血，除了肺靜脈。

5. 順序口訣要記好：房→室→動→微→靜。

不知道上述血液循環內容是否已經了解了？接著是人體在循環的最後一節內容，不過這屬於另外一套系統稱為「淋巴循環系統」，功能和循環系統不同，淋巴循環主要的功能為收回組織間的液體和消滅病原體。

當人在進行血液循環時，血液會在微血管交換物質，血漿會一同滲出到組織之間，而且會有一部分的血漿無法回到血液裡，此時的血漿我們稱為組織液。當然，身體是不可能讓它們一直存在於組織間的，否則你組織間就會充滿一大堆血漿了。

要解決這個問題，淋巴循環系統中的淋巴管就會作用，淋巴管能夠回收這些散落的組織液，此時這些液體我們又稱為淋巴液，並在淋巴循環系統中遊走，系統內有淋巴球（白血球的一種）會吞噬淋巴液內的病原體，最後淋巴液會回歸到血液循環中的靜脈，變回血漿的一部分。

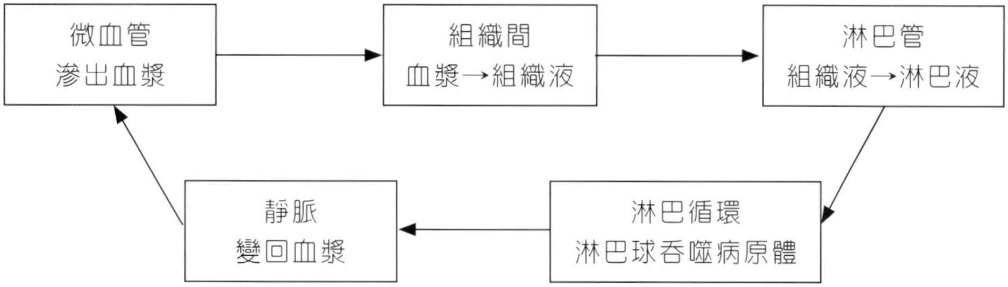


**淋巴循環**

## 主題三　動物的感應

大部分動物為了能夠適應環境生存下去，都發展出了自己對於環境變化，做出反應的系統，而我們人類共有兩套系統，正好一快一慢的幫助我們應對周遭環境的刺激，讓我們先認識這兩個系統並做出比較。

| 系統 | 作用速度 | 作用持續時間 |
|---|---|---|
| 神經系統 | 快 | 短 |
| 內分泌系統 | 慢 | 長 |

神經系統主要的工作是，控制身體移動、對危險做出反應、控制心跳呼吸等，大多都是較為立即性的反應，所以作用都非常快速也很快結束；內分泌系統則是在調整體內各項生理活動平衡，如血糖、代謝速度、血鈣

濃度等，速度較慢但作用長久。

那麼接下來深入了解這兩個系統吧！

## 1. 神經系統

神經系統的基本單位為神經元，也可以稱為神經細胞。神經元分為細胞本體與神經纖維兩個部分，細胞核就在細胞本體中。

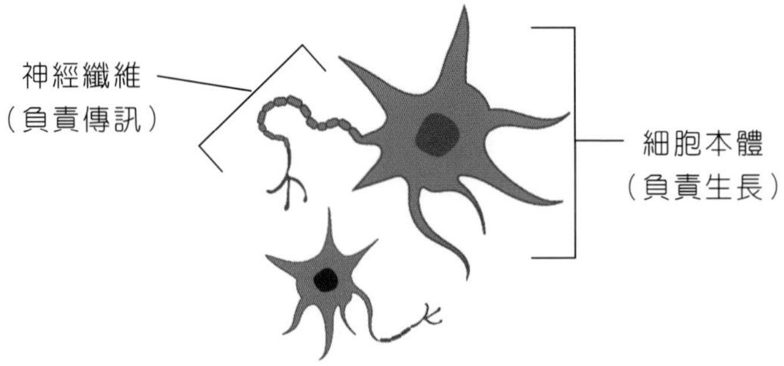


**神經元**

神經系統的所有器官，主體都是由神經細胞構成，我們會依照功能分為兩大類，第一類是專門對全身神經發號施令的中樞神經，在人體即腦部與脊髓。

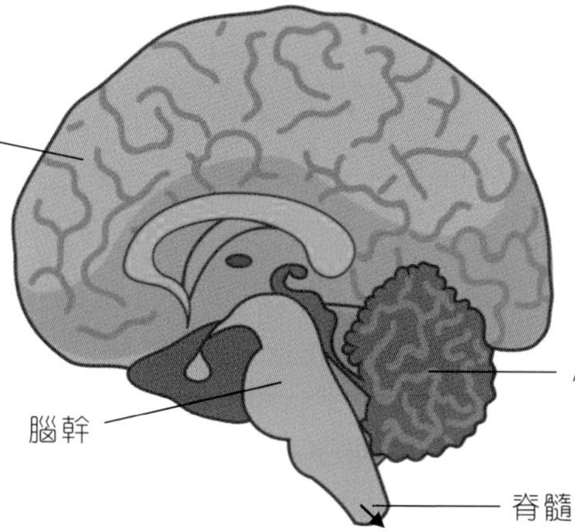


**中樞神經**

※腦部有大腦、小腦、腦幹三個部位：

1. 大腦俗稱意識中樞，負責感覺、運動、記憶、語言、思考等有意識行為。
2. 小腦俗稱平衡中樞，負責協調全身肌肉、維持身體平衡。
3. 腦幹俗稱生命中樞，負責心搏、呼吸、眨眼、吞嚥、瞳孔等反射行為。

※脊髓是接在腦幹後，一直延續整個背部的長度，就包在脊椎骨裡面。

1. 脊髓是四肢和腦傳遞訊息的橋梁。
2. 身體的反射是依靠脊髓獨立完成。

介紹完第一類的發號施令者，再來就是第二類負責傳訊到身體各處的周圍神經，不過它的種類較多，我們先用較簡易的方式來進行分類。

| 分類方式 | | 功能 |
|---|---|---|
| 發出位置 | 腦神經 | 腦部發出，共12對，負責頭與內臟 |
| | 脊神經 | 脊髓發出，共31對，負責身體與內臟 |
| 功能 | 運動神經元 | 將中樞神經的訊息傳至動器※ |
| | 感覺神經元 | 將受器※的訊息傳至中樞神經 |

※動器：身體上表現反應的構造，如：肌肉。

※受器：身體上接受刺激的構造，如：眼、耳、鼻。

人類在接受環境刺激時，就會依靠以上介紹的中樞神經與周圍神經來做出相應的反應，那它們又是如何作用呢？以下邊解說邊圖解，首先受器會先接收刺激，再由感覺神經元傳至中樞神經，之後再由運動神經元將訊息傳至動器，最後做出反應。

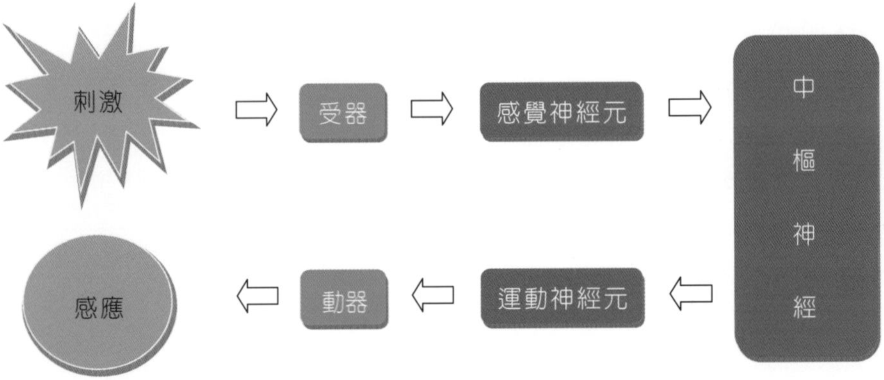

上述的反應，有經過中樞神經的判斷，屬於意識行為，但有時我們會碰到一些緊急狀況，需要做出更快的反應，所以就有了以下這類，跳過大腦判斷的反應，稱為反射作用。

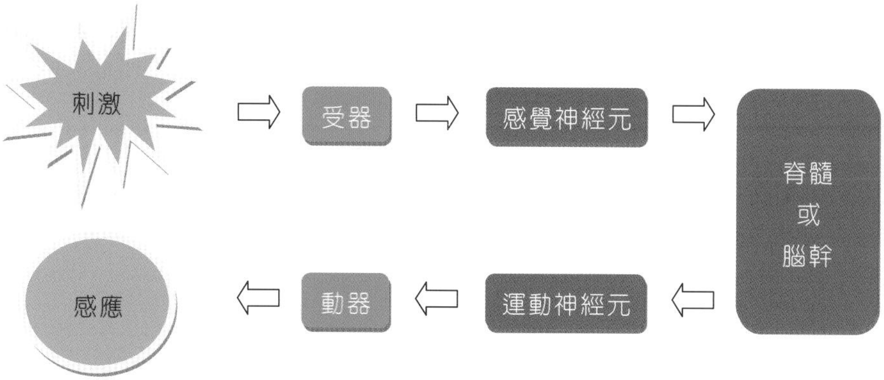


※依照反射部位不同，頸部以上的反射由腦幹負責，頸部以下由脊髓負責。

這類的反應，醫生拿來判斷病患神經系統是否異常，假如下半身無法做出反射，那該名病患很可能連接下半身的神經出問題了。

### ※中樞神經常見問題

| 名稱 | 損壞部位 | 症狀 |
| --- | --- | --- |
| 植物人 | 大腦 | 無意識，但所有生理一切正常 |
| 腦死 | 腦幹 | 逐漸失去心搏、呼吸等 |

## 2. 內分泌系統

內分泌系統作用較神經系統慢，但不論是作用的時間或是影響生理活動的幅度都比神經系統高出許多，而內分泌系統的組成是由多個腺體組成，腺體會分泌激素至血液中，激素再經由血液循環跑到標的細胞上進行作用。

那讓我們先來看看人體內分泌系統有哪些腺體吧！

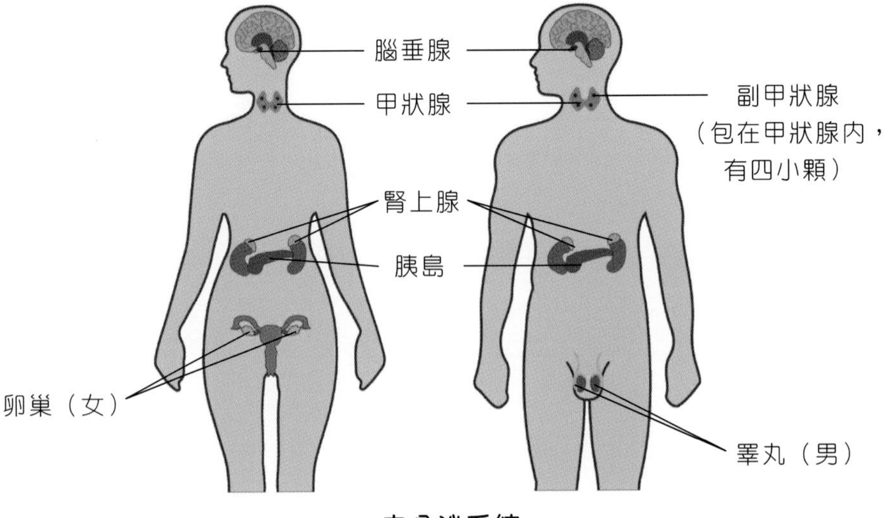


**內分泌系統**

這些內分泌腺各自都會分泌不同的激素，並作用在身上不同的部位，這是在這個小節非常重要的內容，所以請務必詳讀下面的整理。

| 腺體 | 位置 | 分泌激素 | 功能 | 分異常症狀 |
|---|---|---|---|---|
| 腦垂腺 | 腦部下 | 生長激素 | 控制身體生長 | 太多：巨人症<br>太少：侏儒症 |
| 甲狀腺 | 氣管周圍 | 甲狀腺素 | 控制細胞代謝 | 太多：甲狀腺亢進<br>太少：呆小症 |
| 副甲狀腺 | 包埋在甲狀腺內共四顆 | 副甲狀腺素 | 調整血液中鈣濃度 | 太多：骨質疏鬆<br>太少：抽筋 |
| 腎上腺 | 腎臟上方 | 腎上腺素 | 為應付緊急狀況，<br>心跳加快、呼吸加快、腸胃蠕動、血糖升高等 | |
| 胰島 | 胰臟內部 | 胰島素 | 降低血糖<br>1. 讓葡萄糖→肝醣<br>2. 讓葡萄糖被細胞使用 | 太少：糖尿病 |
| | | 升糖素 | 升高血糖<br>肝醣→葡萄糖 | |
| 性腺 | 卵巢 | 雌性激素 | 出現第二性徵，<br>產生生殖細胞 | 太少：性功能不成熟 |
| | 睪丸 | 雄性激素 | | |

※甲狀腺亢進：代謝過快，患者眼球突出、身形消瘦。

呆小症：生長遲緩，智力發展不足。

侏儒症：生長矮小，智力正常。

前面特別強調內分泌系統血液運送，是因為生物除了內分泌系統之外，還有另一個外分泌系統，它與內分泌系統主要功能皆為分泌物質影響生理作用，但在運送及作用方式有些不同。

| 系統 | 運送方式 | 分泌物 | 舉例 |
|---|---|---|---|
| 內分泌系統 | 血液運送 | 激素 | 腦垂腺 |
| 外分泌系統 | 走特殊管道 | 消化液、汗水 | 胃腺、汗腺 |

## 3. 動物的行爲

那麼，在動物感應的最後，來了解一下動物的行為，所有動物的行為都分為本能行為與學習行為兩類。本能行為是動物不用依靠任何後天學習就會的，反之，學習行為即為需要學習的行為。

| 行為 | 定義 | 舉例 |
|---|---|---|
| 本能行為 | 與生俱來，不需學習 | 哺乳、趨光性<br>打哈欠、分泌唾液 |
| 學習行為 | 需靠後天學習完成 | 鸚鵡說話、狗聽指令 |

※趨光性：指會偏好有光並向那個地方移動。

不是向光性！完全不一樣。

# 主題四　動物的恆定性

恆定性意指動物調整體內的養分、水分、鹽類、氣體等含量，並維持在一個範圍裡。其實調整方式並不難懂，當含量過多時，就將多餘的排出；而當含量過少時，就從體內取出儲存的部分或是將排出的量減少。

在這個小節，我們會依序了解人體內維持恆定性的各個系統，並學習它們調控的機制，那麼在這之前先讓我們久違的動動腦吧！

**動動腦**

請試著說明動物需要恆定性的目的是什麼？

參考解答：

動物維持恆定性一是為了適應外面的環境，二是因為體內有些化學反應需要特定的環境，所以這時恆定性就特別重要了！

## 1. 血糖的恆定

血糖所指的就是血中的葡萄糖，在前面的六大營養素提過，醣類是生物能量的主要來源，所以如何去控制葡萄糖在血中的含量，就變成生物一個重要的課題。

在進入調控方式之前，你要先知道大部分動物是如何利用葡萄糖的，這樣才能知道它為什麼是能量來源及為什麼如此重要。動物體內的細胞都會進行所謂的「呼吸作用」，而這個作用進行方式即為將葡萄糖和氧氣進行反應，進而獲得生物所需的能量。

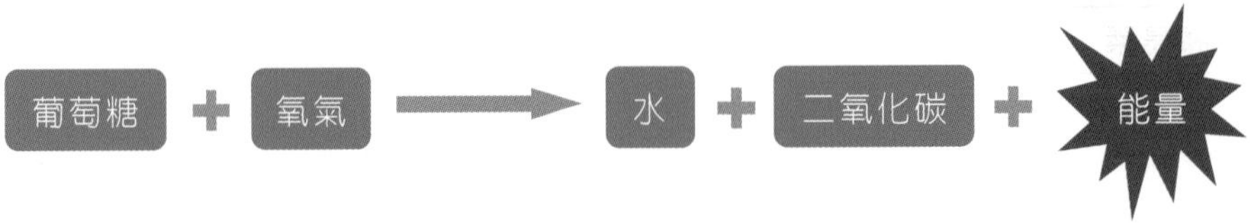


**呼吸作用**

進行以上反應後，動物會使用能量去做到移動、進行反應等行為，而生產出來的水及二氧化碳也有其他處理，水的情況較複雜，它的恆定會在後續的小節再解釋，二氧化碳原則上動物是不需要的，所以細胞產生二氧化碳後，會藉血液循環丟給血液，這就是為什麼血液循環，組織會丟二氧化碳給微血管、拿走血液中氧氣的原因，生物體就像一臺精密的機械，很多細節都是環環相扣的！

**※小觀念**

雖然還未到植物部分，但還是想請你想想，植物會不會進行呼吸作用？答案是會喔，動植物都是會進行呼吸作用的！

說完葡萄糖重要性，接下來就能進到如何調控了。依照慣例，我們一樣以人的身體來做舉例，講到人體調控葡萄糖，你應該想到前面內分泌提到的激素了吧？沒錯，這裡的主角就是它們三位：

| 激素 | 作用 | 出現時機 |
|---|---|---|
| 胰島素 | 降低血糖 | 血糖過高 |
| 升糖素 | 升高血糖 | 血糖過低 |
| 腎上腺素 | 升高血糖 | 運動或緊急時刻 |

什麼時候會是血糖高？何時又是血糖低？

1. 血糖過高：吃飽之後。
2. 血糖過低：肚子餓的時候。

而調控機制就如下：

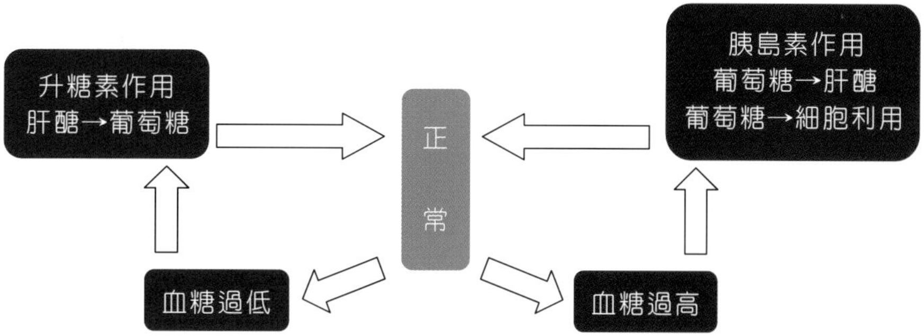


這個過程主要就是肝醣的儲存或釋放，肝醣平時會存在肌肉與肝臟內，需要葡萄糖時就分解，葡萄糖過多時就變成肝醣存入，如此達成平衡。

## 2. 氣體的恆定

通過了解呼吸作用後，我想你也認知到了氣體恆定也是很重要的，簡單構造的生物獲得氣體只要依靠擴散作用，而更複雜的動物，如人類就需要更大量的空氣，單單靠擴散作用肯定不足，所以發展出了一套交換氣體的「呼吸系統」。

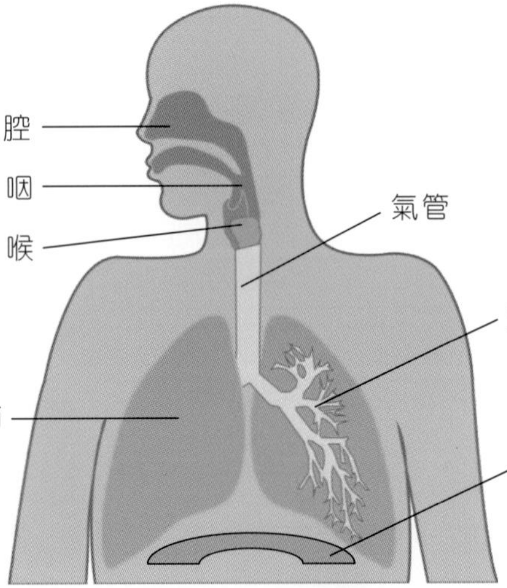


**呼吸系統**

| 呼吸系統 | 鼻腔 | 咽 | 喉 | 氣管 | 支氣管 | 肺 | 橫膈 |
|---|---|---|---|---|---|---|---|
| 功能 | 鼻毛過濾空氣 | 氣體通道，防止食物進食道 | | 氣體通道，纖毛排除異物 | | 具肺泡，交換氣體 | 封住胸腔，控制呼吸 |

人會利用呼吸系統來交換氣體，這樣整個過程稱為「呼吸運動」，千萬不要和呼吸作用搞混喔！呼吸運動是藉吸氣吐氣交換氣體的方式，呼吸作用是獲得能量的方式，兩者所做的事完全不同，那接下來看一下在進行呼吸運動時胸腔的變化：

**小知識**

肋骨和肺本身沒有肌肉
肋骨有肋間肌收縮來移動
肺部靠壓力變化來改變大小

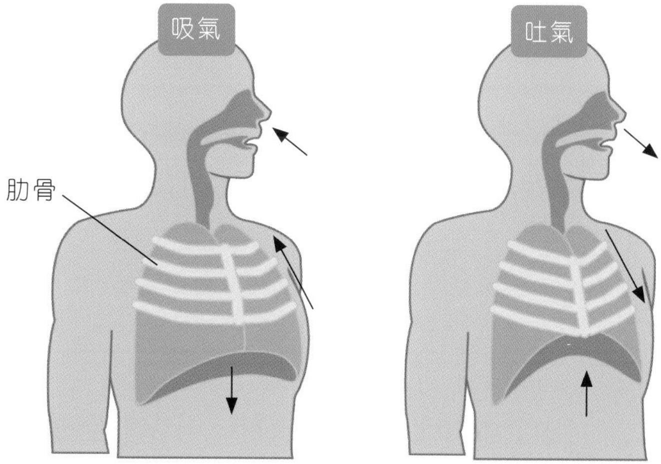


| 動作 | 肋骨 | 橫膈 | 胸腔 | 肺的體積 | 胸腔壓力 |
|---|---|---|---|---|---|
| 吸氣 | 上升 | 下降 | 變大 | 變大 | 變小 |
| 吐氣 | 下降 | 上升 | 變小 | 變小 | 變大 |

氣體在進入肺部之後，會在肺泡微血管交換氣體，血液會將二氧化碳丟出並拿走氧氣，這又和前面血液循環部分有所連結，若忘了請翻回去看看喔！

### 3. 體溫的恆定

相信你一定有量過自己的體溫吧？不知道你是否好奇，為何每次量出來溫度大都是落在35～37℃左右，除非你有發燒會到38、39℃，不過都相去不遠，事實上這就和恆定性是有關的，動物的體溫也是具有恆定性的。

動物的恆定方式有兩種，分別為內溫動物與外溫動物：

| 調節方式 | 調節方式 | 體溫調節中樞 | 舉例 |
|---|---|---|---|
| 內溫動物 | 利用代謝產生熱量維持固定體溫 | 腦部 | 哺乳類<br>鳥類 |
| 外溫動物 | 吸收外界能量維持體溫 | 無 | 魚類<br>兩棲類<br>爬蟲類 |

由於人類屬於內溫動物，所以體溫會維持在固定範圍內，控制中樞為腦部，不論是在體溫過高或過低的情況，腦都會指揮身體各部位做出相應的反應，以達到維持體溫的目的。

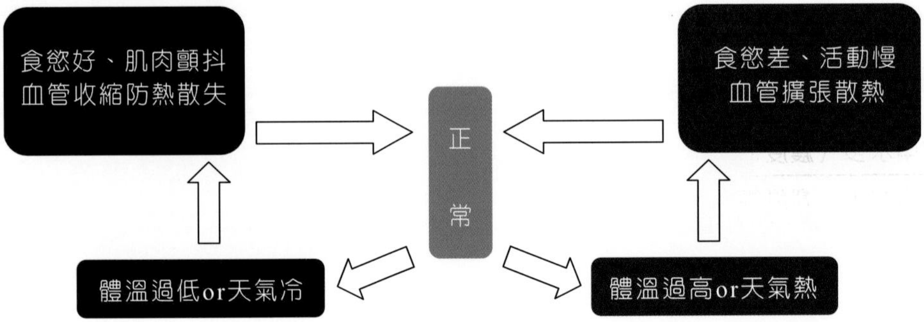

## 4. 水分恆定

水是生物體主要的組成成分，水生生物不太需要擔心水分不足，而陸生生物則不同，若是住在炎熱或乾燥的地方，就需要有方法防止體內的水分散失。

陸生生物體內水分散失的方式多是從體表散出，你會發現它們所發展出的防散失方法，大都是在表層覆蓋一層不透水層，以防水分離開。

※常見的防水分散失構造

1. 人體的皮膚表面具有角質
2. 爬蟲類的骨板或鱗片
3. 昆蟲的外骨骼（由醣類構成的外殼）

雖說陸生生物比較需要擔心水分散失問題，不過也是會有體內水分過多的時候，故人體一樣會有水分調解機制，說到這裡你可以想想平時有哪些排出水的方式呢？

以下方式皆由腦部控制，腦會偵測血液濃度，並做出相應的處理：

| | 腦部調節 | 排汗 | 排尿量 |
| --- | --- | --- | --- |
| 血液中水多（濃度低） | 不會口渴 | 汗變多 | 變多 |
| 血液中水少（濃度高） | 口渴 | 汗變少 | 變少 |

## 5. 代謝廢物的恆定

恆定性來到最後階段，處理身體內代謝後的廢物，將體內代謝後的廢物排出體外，這個過程稱為「排泄作用」，常見的代謝廢物有二氧化碳、水、含氮廢物。

| 代謝廢物 | 產生來源 | 排出方式 |
| --- | --- | --- |
| 二氧化碳 | 醣類、脂質、蛋白質分解 | 呼吸運動 |
| 水 | 醣類、脂質、蛋白質分解 | 尿液、汗液、呼吸運動 |
| 含氮廢物 | 蛋白質分解※ | 尿液、汗液 |

※蛋白質分解成胺基酸，胺基酸會被粒線體進行呼吸作用，產生氨與能量。



氨對於生物體是劇毒，所以生物會將其排出，但並不是所有生物都以氨的形式排出，有些生物會對它進行處理後，才排出體外：

| 含氮廢物種類 | 毒性 | 舉例 |
| --- | --- | --- |
| 氨 | 最大 | 魚類、兩生類幼體 |
| 尿素 | 中 | 哺乳類、兩生類成體 |
| 尿酸 | 最小 | 鳥類、昆蟲、爬蟲類 |

你會發現以毒性最大的氨排出的生物，都是生活在水中的生物，因為氨易溶於水，一經排出就會被周圍的水稀釋掉，而其他兩種中，尿素還能溶於水，故隨尿液排出，尿酸的毒性最低但難溶於水，都是混在糞便內排

出，所以你會發現鳥的排泄物有點水水的但又很像糞便，就是因為尿酸混在裡面。

接著我們要再對人體的排泄做更深入的講解，人體負責排泄作用的「泌尿系統」如下：

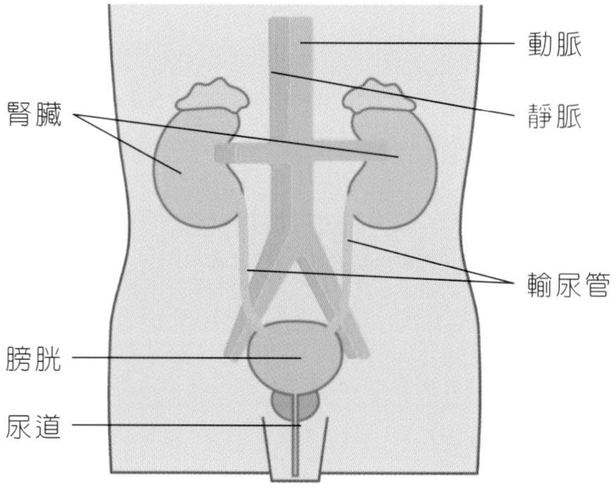


**排泄系統**

※排泄順序

肝臟 → 腎臟 → 輸尿管 → 膀胱 → 尿道

| 肝臟 | 腎臟 | 輸尿管 | 膀胱 | 尿道 |
|---|---|---|---|---|
| 負責將人體產生的氨變為尿素 | 過濾血液尿素和多餘的水形成尿液 | 將尿液運送至膀胱 | 儲存尿液 | 排出尿液 |

# 主題五　動物的生殖

進入生殖前，先複習一下生命現象對生殖的定義，生殖是指生物為了種族延續而產生新個體的行為，動物生殖分為兩種：

| 生殖方式 | 有性生殖 | 無性生殖 |
|---|---|---|
| 配子※結合 | 有 | 無 |
| 親代和子代差異 | 差異大 | 幾乎完全相同 |
| 優點 | 環境適應力強 | 完整保留親代優點，<br>環境穩定時繁殖快速 |
| 缺點 | 若親代有優秀特徵<br>可能無法保留 | 對變動的環境適應力差 |
| 舉例 | 雞生蛋、人生小孩…… | 分裂生殖、出芽生殖、斷裂生殖、孢子繁殖…… |

※配子指精子與卵子，無性生殖沒有配子。

## 1. 無性生殖

| 無性生殖方式 | 過程 | 舉例 |
|---|---|---|
| 分裂生殖 | 直接細胞分裂成兩個新個體 | 草履蟲、變形蟲 |
| 出芽生殖 | 親代長出芽體，由芽體長出新個體 | 酵母菌、水螅 |
| 斷裂生殖 | 受外力斷裂成兩截，各自長出新個體 | 渦蟲 |
| 複製生物 | 利用生物細胞培養出同樣的生物 | 複製羊、複製牛 |

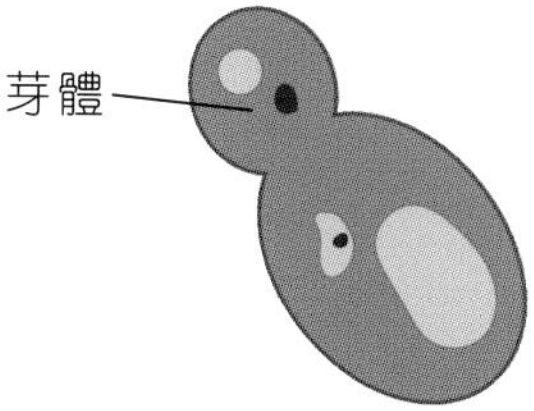


出芽生殖

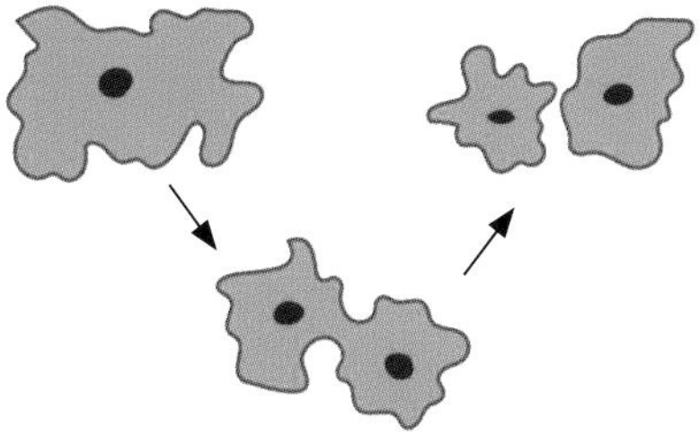

分裂生殖

## 2. 有性生殖

動物有性生殖方式較為多樣，不論是受精方式或胚胎發育的方式都有多種分類，首先是受精方式，動物分為體內受精與體外受精：

| 受精方式 | 體內受精 | 體外受精 |
|---|---|---|
| 受精地點 | 雌性體內 | 體外 |
| 釋出的配子數 | 少 | 多 |
| 成功率 | 高 | 低 |
| 舉例 | 哺乳類、鳥類、昆蟲、爬蟲類 | 魚類、兩生類 |

體外受精因為成功率低，所採取的戰略就是一次排出大量配子以提高成功率，不過仍然有部分動物屬例外，演化出了特殊的交配系統以提高成功率。

精子與卵子受精完後，形成所謂的受精卵，受精卵開始發育後稱為胚胎，而胚胎發育方式分為三種，卵生、胎生、卵胎生：

| 胚胎發育 | 受精地 | 胚胎發育場所 | 營養來源 | 舉例 |
|---|---|---|---|---|
| 卵生 | 體內或體外 | 體外 | 卵黃 | 昆蟲、魚類、鳥類、兩生類 |
| 胎生 | 體內 | 體內 | 母體 | 大部分哺乳類<br>（如鴨嘴獸是卵生哺乳類） |
| 卵胎生 | 體內 | 體內 | 卵黃 | 大肚魚、孔雀魚 |

在有性生殖需要有一公一母交配來進行繁殖，所以在同種間就會出現競爭誰有交配權的現象，此時求偶行為就變得非常重要：

| 求偶方式 | 舉例 |
|---|---|
| 行為 | 蝴蝶飛舞 |
| 氣味 | 蛾、哺乳類 |
| 聲音 | 蛙的鳴叫 |
| 發光 | 螢火蟲 |
| 顏色 | 鳥羽毛顏色鮮豔 |

最後是人類的有性生殖，和前面一樣，人類的有性生殖有一套「生殖系統」來進行，此套系統在青春期後會快速發展，而男女的構造也不同。

| 構造 | 功能 |
|---|---|
| 卵巢 | 產生卵子<br>分泌雌性激素 |
| 輸卵管 | 運送卵子<br>精卵結合處 |
| 陰道 | 接收精液<br>嬰兒產道 |
| 子宮 | 胎兒發育地 |

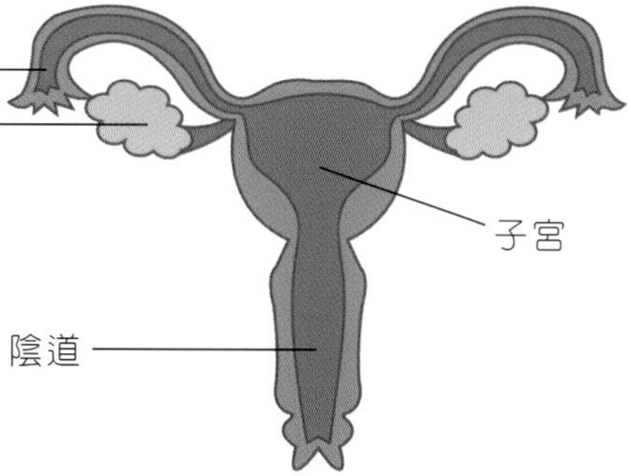


女性的生殖系統——子宮

| 構造 | 功能 |
|---|---|
| 睪丸 | 產生精子，<br>分泌雄性激素 |
| 輸精管 | 運送精子 |
| 尿道 | 精液通道 |

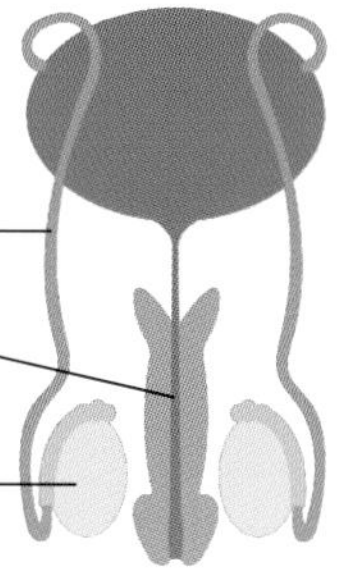


男性的生殖系統——睪丸

## ※小實驗——雞蛋觀察

雞蛋應該是你在生活中最常見到的卵，我們可以透過這個實驗來了解它的內部構造：

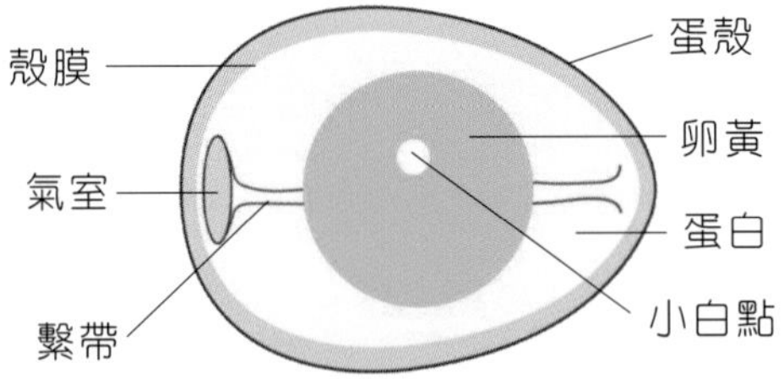


**雞蛋的內部構造**

| 構造 | 功能 |
| --- | --- |
| 蛋殼 | 保護內部 |
| 蛋白 | 提供胚胎營養 |
| 卵黃 | 提供胚胎營養 |
| 小白點 | 細胞核，會發育成新個體 |
| 繫帶 | 固定內部構造 |
| 氣室 | 氣體交換 |

### 動動腦

雞蛋構造內，有一個構造能夠確認雞蛋是不是新鮮的，請問你認為是哪一個呢？

答：氣室，愈新鮮的雞蛋氣室愈小。

第二章內容全部結束囉！不知道你是否覺得有點難度呢？這是非常正常的，動物的機制本就複雜，所以在讀完一次這個章節後，記得要反覆複習，若是對某一部分特別有興趣，想了解更多，建議你上網或到圖書館去查詢更深入的內容，如此探究知識的精神才是正確的學習之道喔！

# 第三章

# 植物

## 前言

相較於動物的多個系統，植物的系統的確少了許多，但並不代表內容不豐富，畢竟是和動物完全不同的群體，所以不論是營養、生長、生殖等，也都擁有自己的系統與機制，接著就讓我們來進入植物的世界吧！

**動動腦**

在第一章其實有提過植物的器官為根、莖、葉、花、果實、種子，數量並不多，它們依照功能分成兩類，請先依照你對這些器官的理解進行分類。

答：根、莖、葉屬於營養器官。
花、果實、種子屬於生殖器官。

# 主題一　植物如何獲得能量

植物不需要移動，能量需求相比動物少很多，並非不需要，植物在前面的小觀念裡有提到，同樣要呼吸作用來產生能量，但是呼吸作用的反應物「葡萄糖」，不需要靠「吃東西」來取得，而是自己製造出來，製造方式就是「光合作用」。

光合作用是擁有葉綠體的生物會進行的化學反應，顧名思義，這個反應需要光來驅動，反應分成兩個部分，我們先分別認識它們：

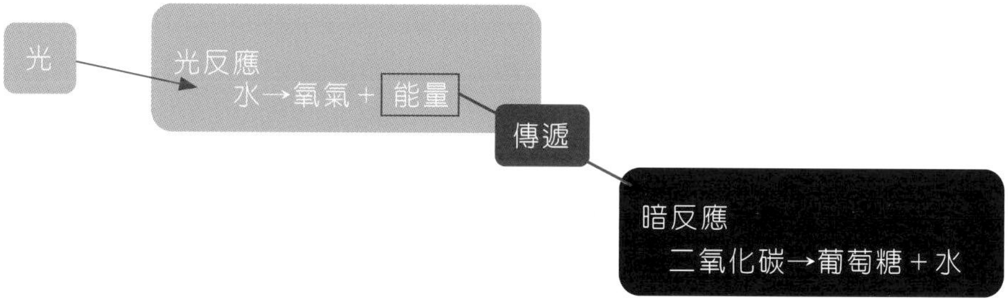


以上是光合作用的兩個主要反應，但還有一些觀念要了解：

1. 光反應必須要光才能驅動，暗反應則不需要光。
2. 光反應一定要在「有光」的地方進行，暗反應則不受限。
3. 暗反應＝碳反應，兩個名稱都有人說，但依照英文翻譯是碳反應。
4. 這兩個反應都在葉綠體內進行。

先學完反應後，再放入葉綠體裡進行整合，如此可以讓你分清楚哪些部分屬於哪個反應，但在這邊請注意，光反應與暗反應雖都在葉綠體內進行，不過葉綠體內還有各個不同構造，所以要特別小心反應在何處進行：

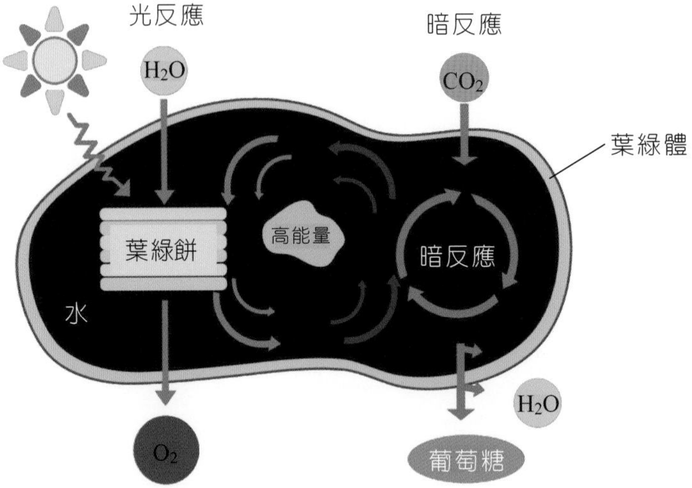


**完整光合作用**

反應開始，光會打在葉綠體內的葉綠餅[1]上，驅動光反應，將水分解成氧氣與能量；接著能量會被運到葉綠體的基質[2]內，驅動暗反應，將二氧化碳固定產生葡萄糖與水，此過程為一個完整的光合作用。

---

【1】葉綠餅由葉綠體內的類囊體堆疊起來，像餅乾一樣的構造。

【2】葉綠體基質爲葉綠體內的黏稠液體。

最後我們還是利用表格將兩反應做個比較吧！

| | 光反應 | 暗反應 |
|---|---|---|
| 反應 | 水 —(光能)→ 氧氣 + 能量 | 二氧化碳 —(能量)→ 葡萄糖 + 水 |
| 能量來源 | 太陽或光源 | 光反應 |
| 反應時刻 | 有光才可進行 | 有光、無光皆可進行 |
| 反應物 | 水 | 二氧化碳 |
| 產物處理 | 氧氣：氣孔排出、呼吸作用<br>能量：驅動碳反應 | 葡萄糖：直接利用或變為澱粉儲存<br>水：氣孔排出、留在體內 |

至此是植物獲得營養的方式，產生的葡萄糖可以如動物一樣進行呼吸作用產生能量，所以植物從取得營養到產生能量，都是不需要依靠攝食的喔，一切都能自給自足！

學完植物的光合作用後，第二件事就是要了解植物何處是可以行光合作用的部位。負責營養的根、莖、葉器官，其中的葉是植物主要行光合作用的部位，有些莖雖然可以，但並非主要地點，所以接著來認識植物中葉的內部構造：

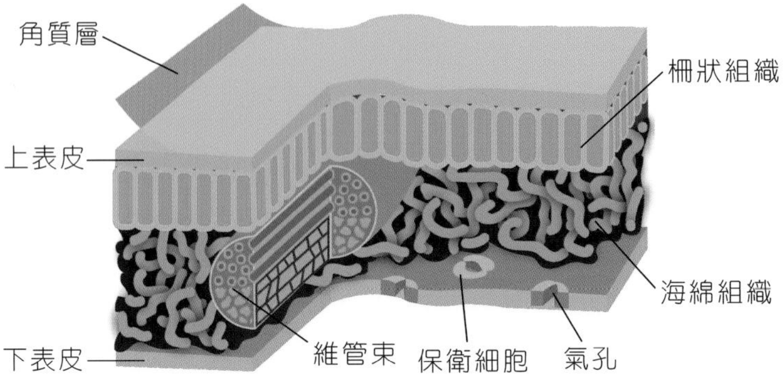


**葉的剖面圖**

| 構造 | 功能 | 介紹 |
|---|---|---|
| 角質層 | 防止水分散失 | 在上下表皮最外層 |
| 上表皮 | 保護 | 排列緊密 |
| 下表皮 | 保護 | 排列緊密，夾雜保衛細胞 |
| 保衛細胞 | 控制氣孔開合 | 只在下表皮，半月形，含葉綠體 |
| 氣孔 | 氣體進出通道 | 兩個保衛細胞圍出的孔洞 |
| 柵狀組織 | 光合作用主要地點 | 柵欄狀，含葉綠體 |
| 海綿組織 | 光合作用主要地點 | 海綿狀，含葉綠體 |

※葉是光合作用主要地點，但實際有進行的只有保衛細胞、柵狀組織、海綿組織。

## 主題二　植物的運輸

植物體內的運輸會依靠「維管束」，維管束就像動物的血管一樣，會遍及植物體的各個部位，但植物並沒有血液，那它到底要運輸什麼呢？在這裡你可以回憶前一節所學的植物產能的方式，植物會需要水、二氧化碳當作原料，做出的葡萄糖需要送到各部位進行運用，所以植物的維管束主要運輸的為水、養分兩大類。

維管束在葉子就是你平常所說的葉脈，一路延伸到莖、根內，此外維管束分為兩個部分，分別為木質部與韌皮部，兩者運送的物質是不同的：

| | 運送物質 | 位置 | 細胞 | 運送方向 |
|---|---|---|---|---|
| 木質部 | 水分 | 靠內側 | 死細胞 | 單向 |
| 韌皮部 | 養分 | 靠外側 | 活細胞 | 雙向 |

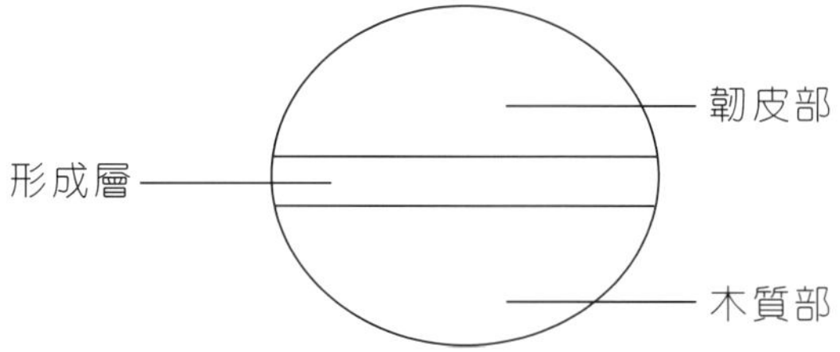


**維管束簡易分布**

形成層位於木質部與韌皮部之間，可分裂產生新的細胞，向內產生木質部，向外產生韌皮部。

當維管束延伸至莖時，由於植物葉片不只一片，所以莖內會匯集來自多片葉子的維管束，而莖內維管束的排列方式會因植物屬於單子葉植物或雙子葉植物而有不同，接著讓我們依序來觀察其特徵，首先是單子葉植物：

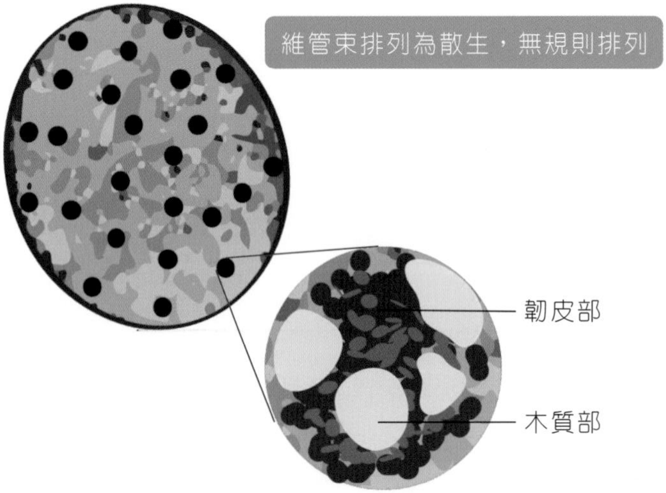


**單子葉莖剖面圖**

※單子葉植物沒有形成層，但每個維管束內還是有細胞可以產生新細胞。
不要忘記木質部靠內，韌皮部靠外喔！

再來我們看看雙子葉植物的莖維管束排列：

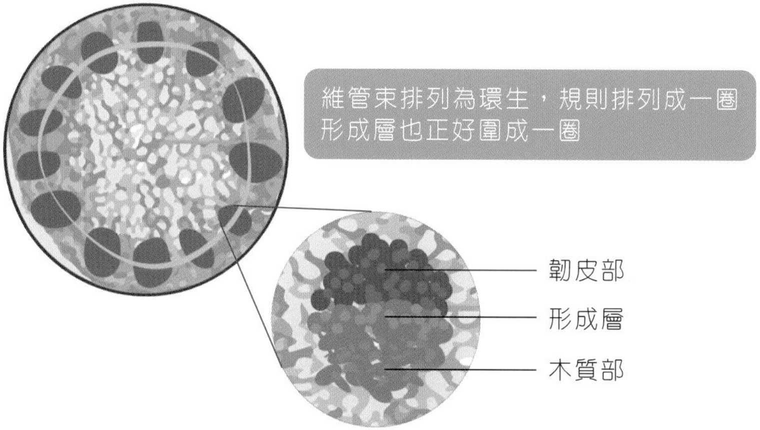
維管束排列為環生，規則排列成一圈
形成層也正好圍成一圈
韌皮部
形成層
木質部

**雙子葉莖剖面圖**

| 植物種類 | 單子葉 | 雙子葉 |
|---|---|---|
| 維管束排列 | 散生 | 環生 |
| 形成層 | 無 | 有 |
| 舉例 | 稻、麥、玉米、竹子 | 玫瑰、咸豐草、榕樹 |

雙子葉植物因為有形成層的緣故，莖在加粗時可以非常均勻快速，在此再提一個新概念就是植物分為單、雙子葉後，又可以再往下分成草本與木本植物，而接下來要介紹的即為雙子葉木本植物，你在生活中時常見到的樹大多都是這個類別。

雙子葉木本植物內層的木質部會不斷的累積，這些木質部稱為「木材」，若將樹幹橫切觀察，還可以看到所謂的「年輪」，至於年輪形成的原因主要是季節變換造成的溫度、雨量變化，以致細胞生長速度不同，最後產生顏色不同的環紋。

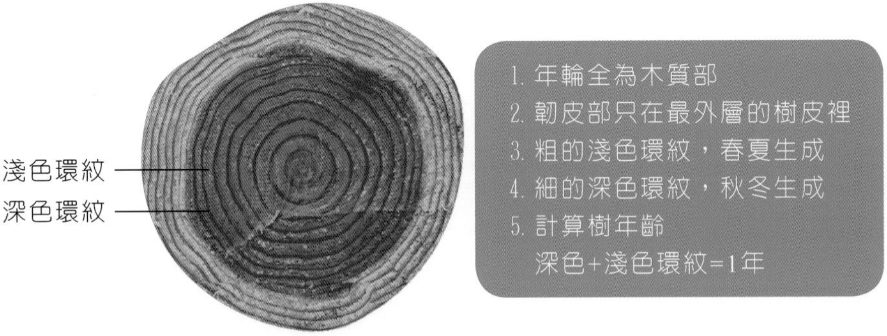
淺色環紋
深色環紋
1. 年輪全為木質部
2. 韌皮部只在最外層的樹皮裡
3. 粗的淺色環紋，春夏生成
4. 細的深色環紋，秋冬生成
5. 計算樹年齡
深色+淺色環紋=1年

**年輪**

| 木材分類方式 | 位置區分 | | 顏色深淺 | |
|---|---|---|---|---|
| | 內部 | 外部 | 淺色 | 深色 |
| 特色 | 較早生成<br>已無運輸功能 | 較晚生成<br>尚有運輸功能 | 春夏形成<br>生長快<br>故細胞大顏色淺 | 秋冬形成<br>生長慢<br>故細胞小顏色深 |

植物運輸水分及養分除運送部位不同外，運送方向也不同，水分永遠只能由根部向上運送，養分則向上或向下運送，但同一束維管束只有一個方向喔！

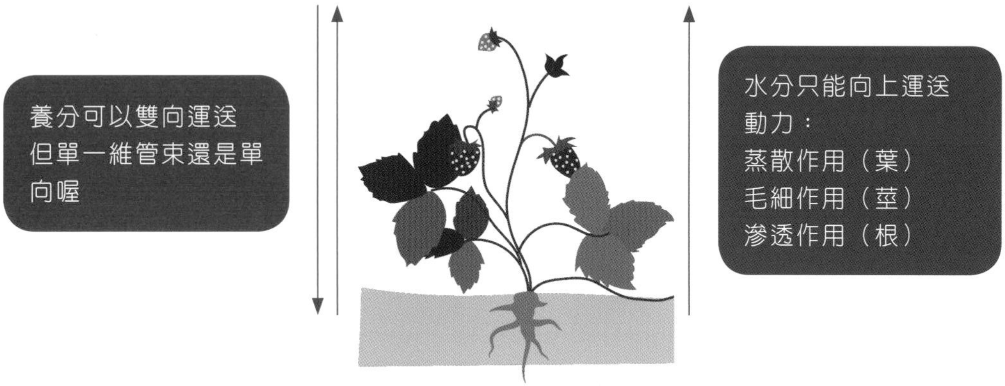
養分可以雙向運送
但單一維管束還是單
向喔
水分只能向上運送
動力：
蒸散作用（葉）
毛細作用（莖）
滲透作用（根）

※水分運送動力

1. 蒸散作用：水在到達葉後從氣孔離開即為蒸散作用，是植物運送水的主要動力。
   葉子愈多，蒸散作用愈快速。
2. 毛細作用：水在極狹窄的空間內，由於表面張力會形成水柱並具有向上的拉力。
3. 滲透作用：根部藉由此作用使水進入植物體內。

※環狀剝皮

既然介紹了樹的構造，就不得不提一個特別的現象，那就是「環狀剝皮」，意思是將樹最外層的樹皮剝下一整圈，前面提到過樹皮除了表皮之外還包含了韌皮部，故環狀剝皮會將樹運送養分的通道完全中斷，導致葉製造出養分後，無法送至根部以致死亡，根死亡後無法運送水分，最後整棵樹木死亡。

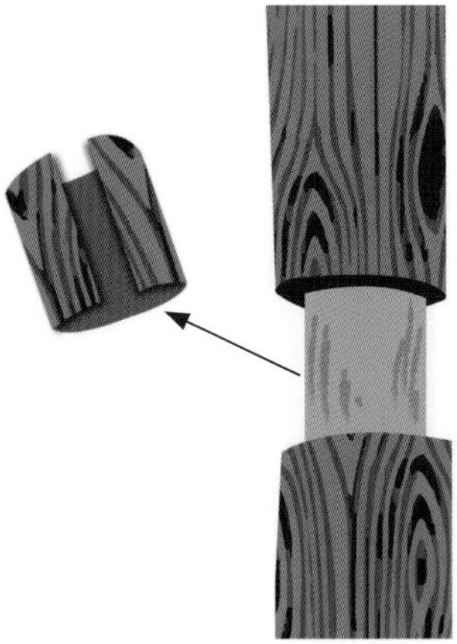

環狀剝皮



## 主題三　植物的生殖

植物的生殖相較於動物來說，共同點是都擁有有性生殖與無性生殖，但動物在同一種生物通常只會有一種方式，而植物卻不同，通常兩種方式都能夠進行。

植物的無性生殖大多是將植株的一小部分取下，這個部分通常是具有細胞分裂能力的地方，將其放置在適合的環境裡，即可長出和原本植株相同的新個體。

※植物的無性生殖

| 方式 | | 舉例 |
| --- | --- | --- |
| 營養器官繁殖 | 根 | 番薯 |
| | 莖 | 馬鈴薯、草莓 |
| | 葉 | 落地生根 |
| 組織培養 | | 蘭花 |

營養器官繁殖是將植物的營養器官，也就是根、莖、葉進行種植，如：番薯是塊莖、馬鈴薯為塊根、草莓為匍匐莖、落地生根會從葉緣缺刻處向下長根，塊莖塊根是儲存了大量養分的地方，因此可以直接利用生長，匍匐莖則是直接向外生長出新個體。

組織培養則是較為困難的技術，原理是將植物體的分生組織，也就是能夠細胞分裂的細胞取出，再將其植入培養皿中，培養皿內含有植物生長所需的養分與激素，以此方式培育出新的個體。

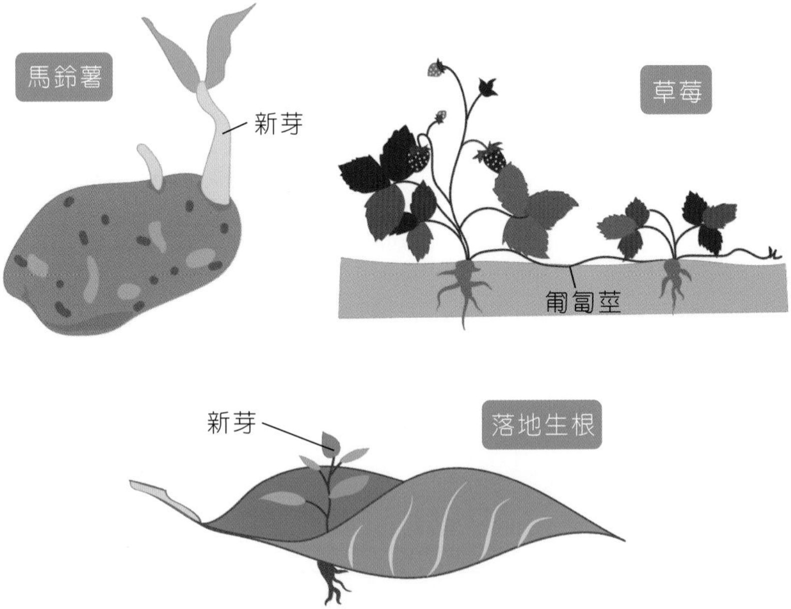


**植物的無性生殖**

### 動動腦

植物的有性生殖就需要使用生殖器官了，不知你是否記得植物的生殖器官有哪些？又試問這些器官的工作個別是什麼？

參考解答：(1)花、果實、種子屬於生殖器官，(2)花負責精卵的結合，果實會吸引其他生物來食用，種子到合適環境生長出新個體。

那麼要介紹植物的有性生殖，自然要從花的構造開始講起了，一般植物的花會有顏色鮮豔的花瓣，吸引授粉者來採集花蜜，同時它們也會沾到花粉到別的花的雌蕊上，如此就能完成授粉。而花粉又位在哪呢？花粉都位於雄蕊頂端構造——花藥內，而在花中間會有一底部膨大的雌蕊，最後是在花最底端支撐的萼片。

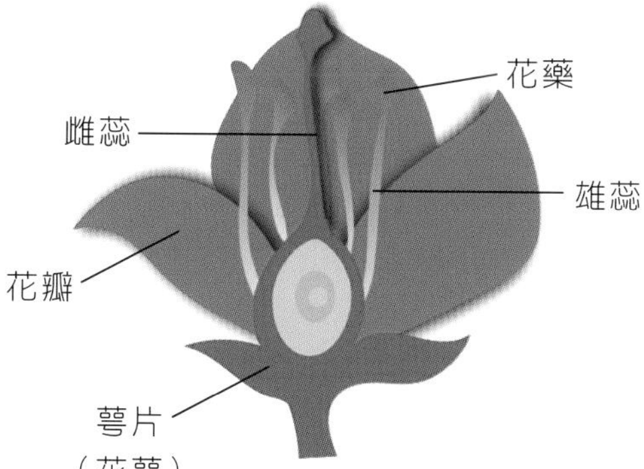


**花的構造**

上面的圖是自然界中的雙性花，也就是在一朵花上有雄蕊與雌蕊，而也有在一朵花上只有雄蕊或雌蕊其中一種的，那種花稱為單性花。而在花的授粉上也有一些變化，有些花可以用自己的花粉來進行授粉，稱為自花授粉，反之，用別朵花的花粉稱為異花授粉。最後是花粉傳播方式，其實花在傳遞花粉並不一定要依靠蜜蜂、蝴蝶等昆蟲的幫助，也可以靠風力、水力等方式來進行傳播，植物生殖方式也是非常多樣的喔！

| 花粉傳播 | 解釋 |
|---|---|
| 蟲媒花 | 依靠昆蟲授粉 |
| 風媒花 | 依靠風力授粉 |
| 水媒花 | 依靠水力授粉 |

### 動動腦

運用不同方式傳遞花粉，花粉自然會有不同的構造，請試想看看以上幾種方式的花粉，在構造上會有什麼不同？

答：蟲媒花的花粉要能夠牢牢抓住昆蟲，所以通常會有很多突起增加摩擦力。風媒花的花粉要能夠讓風吹到別朵花，所以可能會很輕甚至有小翅膀。水媒花的花粉要能夠隨水漂流，故表面可能會有蠟質防水滲入內部。

最後我們來了解一下植物的授粉是如何進行的：

1. 花粉會飄到柱頭上。（柱頭為雌蕊的頂端）
2. 花粉開始發育出花粉管（紅線），一路延伸到子房。（子房為雌蕊底部膨大部分）

3. 花粉內的精細胞會隨著花粉管一路到子房內的胚珠，和胚珠內的卵結合。
4. 精卵結合後，花瓣凋謝、子房膨脹變為果實。

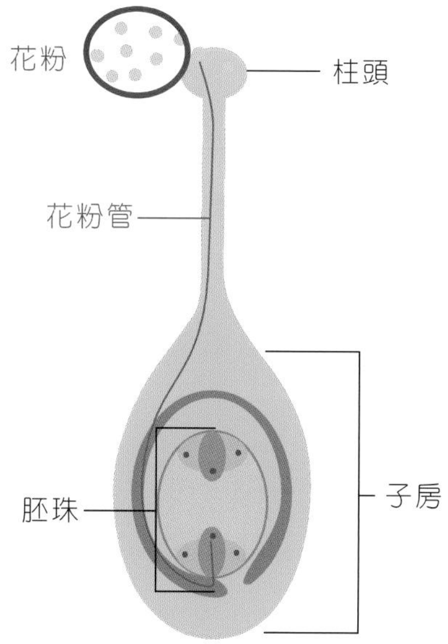


**授粉過程**

# 主題四　植物的感應

植物並不像動物一樣有神經系統，所以植物就沒辦法感應周圍環境了嗎？

答案自然是否定的，你仔細想想，若是植物無法感應周圍環境，不就沒辦法去適應環境了嗎？在這弱肉強食且瞬息萬變的自然界，不能即時做出反應都是會被淘汰的！所以植物當然也有自己的一套方式，來對環境的改變做出反應。

**動動腦**

植物並非像動物一樣可以隨意移動，也沒有神經系統，那請問你認為植物會需要依靠什麼來對環境做出改變呢？試著寫下你的想法吧。

答：一般植物是靠生長素、水分的改變應付周圍環境的變化。

## 1. 向性

向性是指植物因光、重力、與物接觸等因素，造成生長素分布不均勻，而使植物生長方向改變的反應。

| 向性 | 大多發生部位 | 生長素濃度 | 結果 |
|---|---|---|---|
| 向光性 | 莖 | 背光側 > 向光側 | 莖向光源生長 |
| 向地性 | 根 | 靠近地球 > 遠離地球 | 根向地下生長 |
| 向觸性 | 莖 | 未接觸面 > 接觸面 | 莖會攀附接觸物 |

※不同部位可能會有多種向性，如根就有向地性、向溼性、背光性（遠離光）等。

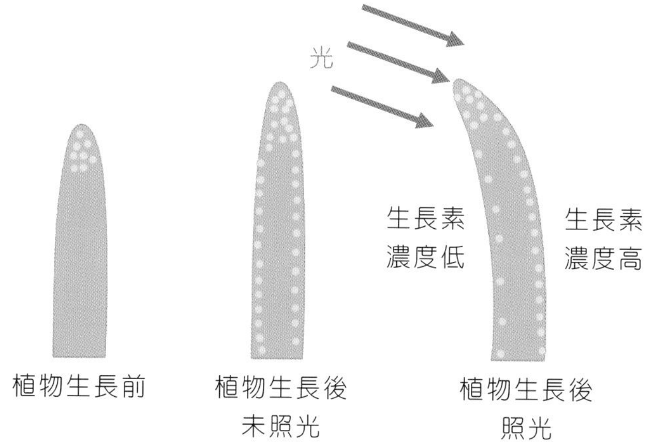


**莖的向光性**

## 2. 膨壓運動

膨壓是植物體內因水分在細胞內的量不同造成的壓力，同時植物也是依靠此壓力來支撐植物體使其直立，而在某些情況下植物可以透過快速改變體內膨壓，來達到改變自身形狀的效果，這個反應非常快速，所以也能用來應付緊急狀況。

| 膨壓運動 | 說明 | 舉例 |
|---|---|---|
| 睡眠運動 | 夜晚葉子下垂 | 酢醬草夜晚下垂 |
| 觸發運動 | 因觸碰使葉子閉合或改變形狀等 | 含羞草觸碰閉合 |
| 捕蟲運動 | 昆蟲跑入捕蟲構造快速閉合 | 捕蠅草、豬籠草 |
| 氣孔開合 | 因應環境開關氣孔 | 大多植物 |

### 3. 季節感應

部分植物會受到季節的影響，來決定何時開花，而季節除了氣溫之外，光照時間的長短也是一個決定是否開花的重要因素。

| 種類 | 開花條件 |
|---|---|
| 長日照植物 | 日照時數 > 夜晚時數 |
| 短日照植物 | 日照時數 < 夜晚時數 |

※當然也有不受光照影響，四季皆開花的植物

### 動動腦

商人有時因為利益因素，會希望花不要同時開，能夠輪流開以延長花季可經營的時間，假如今天你是一位種菊花的農夫，你會用什麼方式來延緩菊花開花？（菊花屬於短日照植物）

答：由於菊花屬於短日照植物，需要日照<夜晚才會開花，故只要暫時延長它們的照光時間，即可達到延遲開花的目的。

以上為植物的全部內容，相較於動物內容少了些，但相信你也了解到動物和植物是完全不同的體系，雖然都是由細胞構成，但在運輸、生殖、感應等層面上有著截然不同的系統。兩種最貼近生活的生物類別介紹完畢後，即將要進入的是較需要思考的遺傳學，你是否準備好了呢？

# 第四章

# 遺傳

## 前言

生物在地球上生存、競爭，最終為了延續自己的族群，開始繁衍後代，如此周而復始，而本章節帶你進入生物中最富有思考性的一門科學——遺傳，也許你會在讀完之後了解，為什麼你這麼像你的爸媽？不管是長相甚至個性，那麼就讓我們來一探究竟吧！

※小提點：建議可以回去複習一下第一章中細胞的分裂這個部分喔！

**動動腦**

在你從小到大的過程中，應該多多少少都會有被說像是父母的經驗，請在進入本章節前仔細想想為什麼會這樣呢？

# 主題一　遺傳學之父——孟德爾

在進入遺傳之前我們要先對遺傳做出定義，什麼是遺傳呢？

**遺傳**：指生物在繁殖時，自身的特徵會傳給子代，此現象為遺傳。這些可以被遺傳的特徵，我們稱為性狀。

在十九世紀時，神父孟德爾以豌豆作為實驗材料，開始了對遺傳學的探討。

※為什麼選豌豆？
1. 豌豆生長期短，可快速大量繁殖
2. 性狀明顯方便觀察
3. 授粉可人工控制

一般的豌豆只有高莖和矮莖兩種性狀，所以孟德爾第一個實驗便是觀察此性狀，流程如下：

親代　高莖×矮莖
↓
↓
第一子代　全高莖
↓自花
↓授粉
第二子代　高莖：矮莖=3：1

名詞解釋：
親代：遺傳實驗中，做為第一代。
第一子代：親代產下的第一代。
第二子代：第一子代自花授粉產生的子代。
自花授粉：用自身花粉和雌蕊授粉。
左圖中的「×」代表交配的意思

不知道看到這個實驗結果，你會對遺傳有什麼想法？孟德爾本身雖是神父，但在生物、物理、化學、數學等科學都有接觸，所以在看見上面這樣的結果後，他運用自身的邏輯去推論出他自己的一套遺傳法則，他是怎麼說的呢？

首先他認為生物的性狀都是由成對的「遺傳因子」控制的，但遺傳因子是什麼此時他並不知道，後來我們研究才知道遺傳因子就是「基因」且位在染色體上。

而孟德爾說的成對遺傳因子我們稱為「等位基因」，它們可以控制性狀，並位在同源染色體的相對位置上。

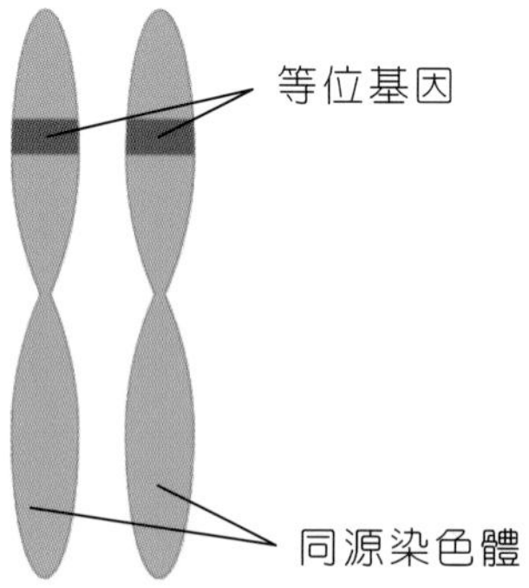


根據實驗結果開始推理，他給予它們的遺傳因子英文代號，親代高莖TT，親代矮莖tt，在交配時，兩方各出一個遺傳因子，所以第一子代就只會出現Tt一種，但性狀卻只有高莖，因為預期中，高矮各拿一個照理說應是中間高度不是嗎？

所以孟德爾繼續從第二步驟推論，將第一子代Tt自花授粉，此時情況就會多變很多，因為有可能給出T或t，果然第二子代中就出現高莖和矮莖了，比例為3：1，到這裡總算是撥雲見日了，能夠推出完整的遺傳法則，讓我們在後面整理告訴你原因。

以上實驗結束後我們知道幾件事：

1. 遺傳因子，也就是基因是成對的，在交配時父母會各給一半。
2. 成對的遺傳因子在父母生成配子時會互相分離，故配子只會有其中一個。
3. 遺傳因子有分為顯性與隱性兩種（顯性大寫英文字母，隱性小寫英文字母）且生物只要有一個因子是顯性就會表現顯性性狀，隱性則要兩個都是隱性喔！

※所以第二步驟中，第一子代Tt自花授粉

父方給出T或t + 母方給出T或t → 會出現TT、Tt、tt三種情況，

因此會有高矮莖都出現的現象。

最後我們要討論的是實驗出現的高莖：矮莖＝3：1的結果，這實際上是能算出來的，計算方式稱為「棋盤方格法」，使用方式如下：

先畫出以下方格，我們以孟德爾第一子代自花授粉舉例，父母兩方都是Tt所以填入相應位置，最後進行配對。

| | 父基因1 | 父基因2 |
|---|---|---|
| 母基因1 | 父基因1<br>+<br>母基因1 | 父基因2<br>+<br>母基因1 |
| 母基因2 | 父基因1<br>+<br>母基因2 | 父基因2<br>+<br>母基因2 |

| | T | t |
|---|---|---|
| T | TT | Tt |
| t | Tt | tt |

TT：Tt：tt = 1：2：1

顯性：隱性 = 3：1

※棋盤方格法練習

你可以將子代基因與性狀遮起來，再用親代基因去做棋盤方格法，再看看答案對不對喔！

| 親代基因 | 子代基因 | 子代性狀 |
|---|---|---|
| TT × TT | 全TT | 全高莖 |
| TT × Tt | 一半TT一半Tt | 全高莖 |
| TT × tt | 全Tt | 全高莖 |
| Tt × Tt | TT：Tt：tt = 1：2：1 | 高莖：矮莖 = 3：1 |
| Tt × tt | 一半Tt 一半tt | 高莖：矮莖 = 1：1 |
| tt × tt | 全tt | 全矮莖 |



**動動腦**

下個小節我們會討論更多與人有關的遺傳喔，人類是不是也有像豌豆一樣只有顯性與隱性的性狀呢？

# 主題二　基因與遺傳

孟德爾研究遺傳時，僅僅只是猜測有一對「遺傳因子」在控制性狀，但他並不知道實際上是什麼，而在二十世紀時，科學家們發現在減數分裂中，同源染色體會在形成配子時分離，所以他們認為遺傳因子應該就是染色體。

不過說是染色體並不太精確，所以繼續深入研究後發現，染色體其實是由DNA和蛋白質濃縮而成，而且DNA上就有可以控制性狀的「等位基因」，自此之後我們就知道孟德爾所說的遺傳因子就是DNA上面的等位基因。

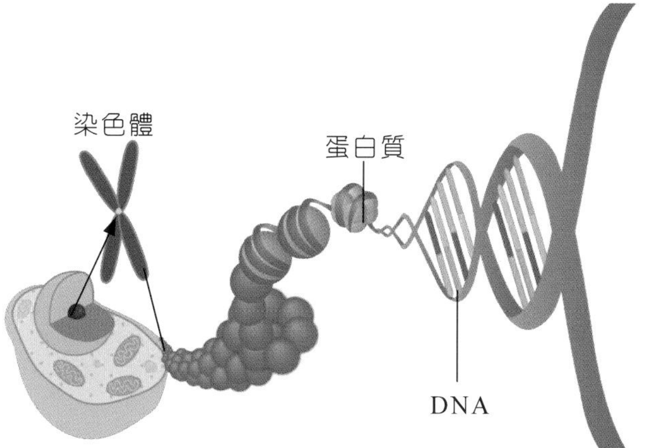


**遺傳物質**

基因是控制遺傳的基本，一般生物的染色體都是成對的，也就是同源染色體，而控制性狀的基因通常也是一對，我們稱為「等位基因」，在前面有稍微提過，等位基因會位在同源染色體的相對位置上。

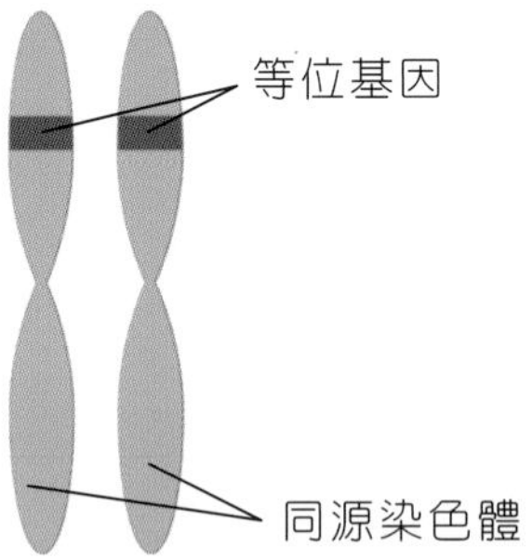


**等位基因位置**



等位基因就像在前面表示顯性、隱性一樣，會用大小寫英文字母表示，而在這裡我們要再多認識兩個名詞：

1. 表現型：遺傳給子代表現出來的性狀，如：高矮莖、花的顏色、種子顏色等。
2. 基因型：遺傳給子代的基因型態，如：TT、Tt、tt等，性狀不同有不同英文字母。

※記得要搞清楚別人是問你表現型還是基因型喔！

而生物有性生殖時會形成配子，染色體會由雙套變為單套，同源染色體會分離，所以等位基因也會在此時分離，所以一個配子只會有等位基因的其中一個。

生殖時兩方提供一個配子進行結合，因此子代身上的基因一半是來自父方，一半來自母方。

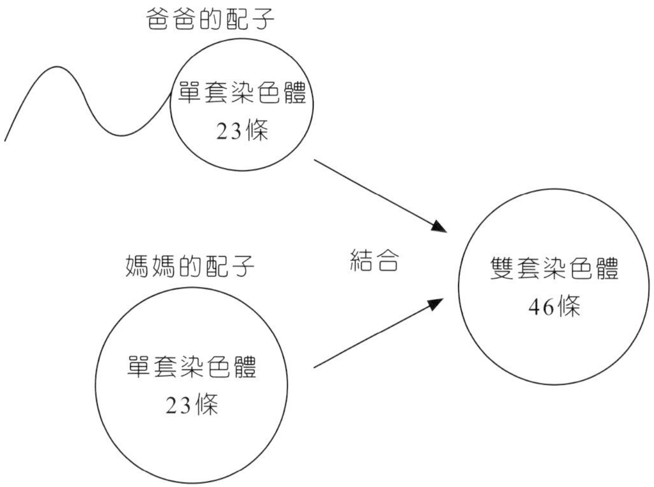


## 動動腦

假設小華是雙眼皮（顯性Ee），他的妻子是單眼皮（顯性Ee），請問他們生出單眼皮小孩的機會是多少？

答：根據棋盤方格法，機率為25%。

最後讓我們來認識一些人類身上由一對等位基因遺傳的性狀吧！你可以去看看爸爸媽媽、兄弟姊妹、學校同學等等，看他們是否和你有什麼不同，甚至你可能可以從觀察家人性狀來知道大家的基因型喔！

| 性狀 | 顯性 | 隱性 |
| --- | --- | --- |
| 眼皮 | 雙眼皮 | 單眼皮 |
| 彎曲拇指 | 拇指直挺 | 拇指可彎曲 |
| 捲舌 | 可捲舌 | 無法捲舌 |
| 酒窩 | 有酒窩 | 沒酒窩 |
| 美人尖 | 有美人尖 | 沒美人尖 |
| 耳垂 | 與頭部分離 | 緊貼頭部 |

※你還有發現哪些只有兩種的性狀嗎？





## 主題三　人類的遺傳

實際在生物體上，生物的遺傳不一定只靠一對等位基因來完成，也有依靠多對等位基因調控的性狀，所以有分成以下兩種：

1. 單基因遺傳：性狀由一對等位基因控制。
2. 多基因遺傳：性狀由多對等位基因控制。

那麼這兩種情況會帶來什麼結果呢？單基因遺傳因為只有顯性與隱性兩種基因，故產生的性狀非黑即白，不是顯性就是隱性；但在多基因遺傳中，由於控制的基因從一對變成好多對，變化的因素變多了，所以性狀就不會單單只有兩種，也許會有三種、四種甚至更多。

### 動動腦

在說明多基因遺傳前，你覺得人有什麼性狀是依靠多基因遺傳的？

人類的單基因遺傳的性狀有哪些，在前面就有多個例子，此處不再贅述。至於多基因遺傳的性狀，它們通常都會呈現連續性的差異，什麼意思呢？比如說，世界上有白人、黑人、黃種人、紅人等，各式各樣膚色的人種，這種不會只有兩種性狀的，通常都是多基因遺傳造成的喔，而且多基因遺傳會造成有較為極端的性狀（黑、白皮膚），也會有較為偏中間的性狀（黃色皮膚）。

除了膚色外，人類多基因遺傳的還有身高、智商等，這些性狀也和膚色一樣會有較為極端和中間的性狀出現，若你將身高性狀統計成圖表，會變成以下：

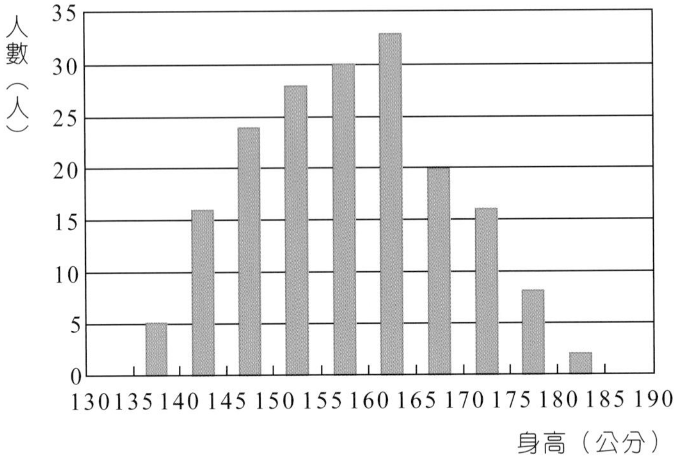


**國中生身高分布**

你會發現特別高（175～185公分）和特別矮（135～145公分）的人較少，但在中間（150～165公分）的人特別的多，這是大部分多基因遺傳會出現的分布方式，這種兩端特別少，中間較多的分布方式統計學上稱為常態分布。

再來要介紹的是關於血型的遺傳，一般人的血型會出現A、B、O、AB四種，遺傳方式也是由一對等位基因控制性狀，但它和普通的單基因遺傳是不同的喔！在血型遺傳中也有顯性與隱性基因，通常以I、i來表示，而血型遺傳中I會出現兩種形式，分別是$I^A$、$I^B$。

我想你已經猜到了，假設基因型為$I^AI^A$或$I^Ai$，就是A型，$I^BI^B$、$I^Bi$為B型，$I^AI^B$為AB型，至於O型是隱性所以只有ii一種。

| 血型 | 可能基因型 |
|---|---|
| A型 | $I^AI^A$或$I^Ai$ |
| B型 | $I^BI^B$或$I^Bi$ |
| O型 | $I^AI^B$ |
| AB型 | ii |

可以去問問爸爸媽媽是什麼血型，比對你的血型，也許能用棋盤方格法推出基因型喔！

最後在血型遇到的問題就是捐血，同血型的血可以互相輸送，O型和AB型比較特別，O型是能夠輸給所有血型的萬能輸血者，AB型能接受所有血型的血但無法輸給A、B、O型的人。

### 動動腦

假設一對夫妻，血型分別為A型與AB型，請問他們能生出O型小孩嗎？

答：使用棋盤方格法，不論A型的是$I^AI^A$或$I^Ai$和AB型都不可能生出O型小孩。

最後要提及的是性別的遺傳，其實不只人類的性別，許多動物的性別也都是遺傳的喔，但遺傳方式較為特別，我們就以人類為例子，人共有23

對染色體，其中22對屬於體染色體，第23對為性染色體，會叫這個名字就是因為人的性別與它息息相關。

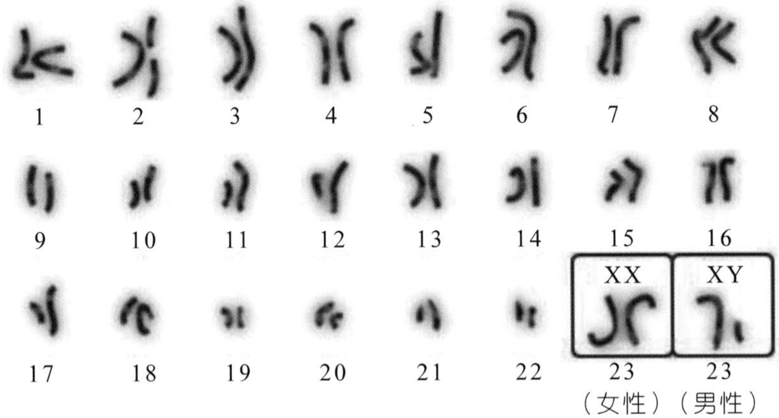


**人類染色體**

性染色體有X或Y兩種，女生的性染色體為XX，男生則是XY，而在生小孩的時候，小孩的性別是男生的配子決定的，因為只有男生才會產生只有X或Y的配子，女生則是只能給出有X的配子，生出男或女的機率都是50%。

| 女＼男 | X | Y |
|---|---|---|
| X | XX | XY |
| X | XX | XY |

## 動動腦

小明是一個雙眼皮（Ee）的人，他的妻子是單眼皮（ee），請問他們生出單眼皮的男生機率是多少？

參考解答：

| | E | e |
|---|---|---|
| e | Ee | ee |
| e | Ee | ee |

由左表得知生出單眼皮機率為1/2，若要生男生要再乘以1/2，故答案為1/2 × 1/2 = 1/4 (25%)

# 主題四　生物科技

科技日新月異，每天都在不斷進步，在遺傳學被提出後這短短的時間內，現代已經對遺傳相關的事項有了更多的了解，甚至能夠在某些範圍內做人為的操控，雖然聽起來非常令人期待，但相對的也出現了一些隱患，在這小節希望你能了解目前生物科技中基本的技術，也能深思這樣的技術會造成什麼問題。

**動動腦**

目前生物科技能夠做到將特別的基因轉進生物內，甚至能做到複製生物，試著想想某天人類開始複製人類之後，會出現什麼樣的問題？

## 1. 基因轉殖

基因轉殖是依靠人為的方式，將外來的基因片段植入目標生物裡，讓目標生物來表現特定性狀的技術。市面上所有做過基因轉殖的生物稱為基因改造生物（Genetically Modified Organisms，簡稱GMO），在超市最常看到標示的就是豆類製品。

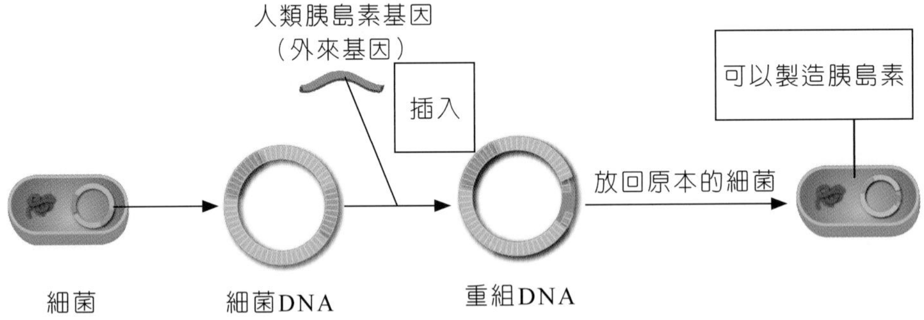


**基因轉殖流程**

這樣子的技術時常運用於製作疫苗、激素或將植物改造成耐寒、耐旱、抗蟲等方面，上面的例子是將人類胰島素基因植入細菌內，培養此細菌就能夠獲得大量胰島素，供應糖尿病患者使用。

當然，這樣方便的技術也存在一些隱憂，例如：改造後的生物是不能散播於自然中的，因為他們本身競爭力較強，可能會破壞原本的生態，又或者改造後生物和野生種雜交，可能會導致野生種消失，也有一派人認為基因改造食物還不能確定是否安全，所以世界各國政府大多都會要求在基因改造食品上要特別註明。

## 2. 複製生物

這項技術可以說是轟動了世界，在西元1996年，出現了第一隻複製生物——桃莉羊，開啓世界各國對複製生物的關注，也引起了各界討論。

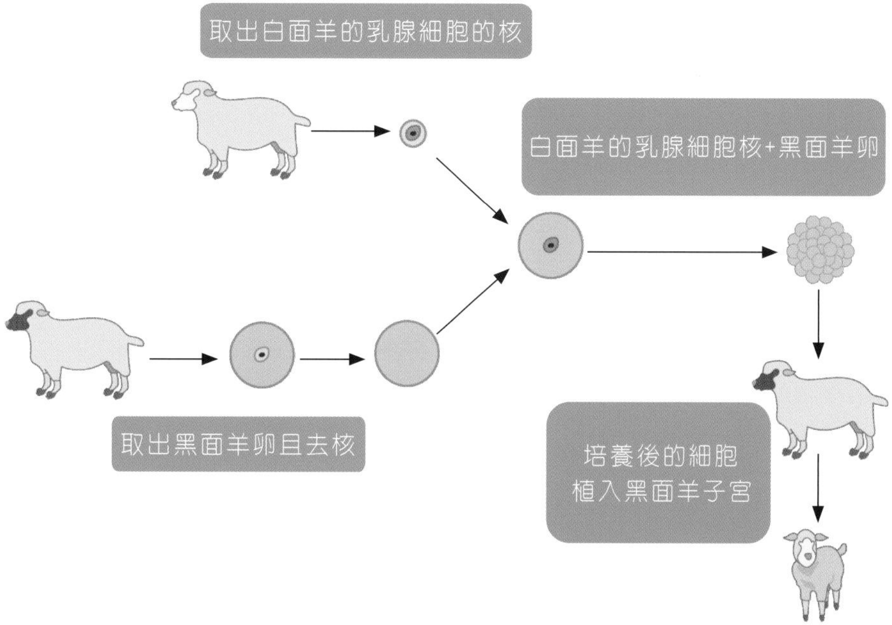
取出白面羊的乳腺細胞的核
白面羊的乳腺細胞核+黑面羊卵
取出黑面羊卵且去核
培養後的細胞
植入黑面羊子宮

複製動物過程

這項技術到目前都還沒達到完美的境地，複製出的生物會出現基因異常、突變、有缺陷、壽命短等問題，並且比基因轉殖更值得深思，因為有部分科學家害怕將來若有一天，此技術應用到人類身上，會讓人類走上一條不可逆的道路，所以依照目前現有的公開文獻，尚未有人敢做複製人的實驗。

**動動腦**

在近年，某位科學家宣稱他完成了一對基因轉殖的雙胞胎，並號稱這對雙胞胎可以永遠對愛滋病免疫，此話一出立刻遭到各界抨擊，說他打開了潘朵拉的盒子，觸碰了遺傳學上最不該進行的實驗，請你上網查詢或是根據這段描述，提出你的看法或立場。

## 主題五　突變

突變意指基因或是染色體發生改變並造成性狀改變的現象，這個現象一開始是由美國遺傳學家摩根，不斷用各種方式刺激果蠅，使其遺傳突變，而確立基因位在染色體上，並知道改變後會產生突變。

自然界中常見的突變有兩種：

1. 自然突變：在無任何干擾的自然情況下，基因發生改變，機率極低。

2. 誘發突變：由部分誘因導致基因突變，機率較高。

誘因主要有物理因素：X光、輻射、紫外線。

化學因素：戴奧辛、亞硝酸鹽。

一般來說，突變對生物都是有害的，但有時的確會產生對生物有好處的突變，這個狀況有利於生物演化，人類也會依照自己需要培養特定的突變物種。

突變發生在基因，但若發生在體細胞或是生殖細胞，會出現不同的情況，若突變發生在體細胞，就只會影響這個生物本身；倘若發生在生殖細胞，則有可能會傳給下一代。

當突變發生在生殖細胞影響後代後，可能會造成疾病，這樣我們就稱之為遺傳性疾病，大多的遺傳疾病基因都是隱性，所以要兩個基因都有問題才會發生，例如：白化症。

還有一種特殊的狀況，假設今天致病基因位在性染色體上，此類疾病就稱為性聯遺傳疾病，如紅綠色盲、血友病、蠶豆症，這樣的基因通常都在X染色體上，這就會出現一個情形，男生性染色體為XY；女生為XX，男生只要得到一個致病X就會得病，女生則要獲得兩個致病X才會得病。

今天我們假設爸爸不是色盲，而媽媽是紅綠色盲的情況：

（X"代表色盲基因）

| 媽媽 \ 爸爸 | X | Y |
|---|---|---|
| X" | X" X | X" Y |
| X" | X" X | X" Y |

你是否有注意到，媽媽只要是色盲，兒子無論如何都會是色盲，因為兒子的X一定是來自媽媽，所以這類性聯遺傳疾病通常都是男生較容易得，女生因為要兩個都是致病X，所以機會較男生低。

### 動動腦

遺傳這門學問也算是行之有年，但關於DNA、基因，甚至如何進行基因轉殖等，相較於其他科學算是非常年輕，也給我們帶來許多便利，在這裡讓你想想關於遺傳蓬勃發展後，為我們生活帶來的改變，還有可能會出現的問題。



遺傳的討論至此告一段落，這裡比起其他章節有更多考驗你邏輯的部分，若是不明白可以多讀幾次，或是和你的好朋友一起討論，從更多不同的觀點來學習這個部分，應該能對這裡有更多的了解，遺傳不算是非常新的概念，但它真正的原理，卻是到近代才被完整理解，仔細品味會是一門有趣的學問喔！

# 第五章

# 演化

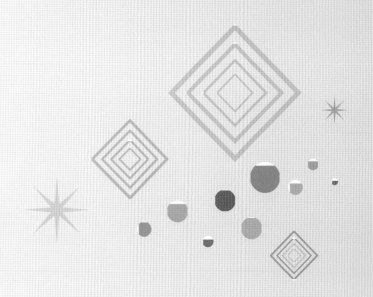

## 前言

生物存在於地球大約已有30幾億年，在這漫漫的歷史長河中，地球環境經歷了多次的變化，而身為地球住民的生物們，也必須配合環境做出改變，這樣的改變被我們稱為「演化」，在此我們會從演化這個詞的出現開始，一直到後續如何證明它及提出理論等，一起來了解漫長的生物歷史。





**動動腦**

在我們定義演化前，想先問問你認為生物是如何改變的呢？

# 主題一　演化的定義

在很久以前，政治及宗教密不可分，就連科學、思想等研究都會受到宗教的影響，在這樣的時代背景下，演化這個詞是完全不存在的，當時的人們篤信的理論為「創造論」，認為世界上所有生物皆為神所創造，且構造完美不會改變。

時過境遷，開始有大量的化石與地質學的蓬勃發展，創造論不可動搖的地位開始崩毀，出現了目前較多人相信的「演化論」，此理論認為生物會隨著時間逐漸改變外型或構造，這樣的過程稱為「演化」。

| 理論 | 內容 |
|---|---|
| 創造論 | 神創造生物，不會改變 |
| 演化論 | 生物外型或構造會隨時間改變 |

我們說演化論是目前較多人相信的理論，言下之意就是依舊有人是篤信創造論的。假如你今天遇到和你意見相左的人，絕對不要用爭吵的方式和他討論，請發揮你學習科學的精神，提出自己相信的理論依據，用證據去證明你所說的理論，絕對會比嘲笑、鄙視對方的方式要好的多喔！

在十八世紀時，法國科學家拉馬克，首次以化石為依據提出了他的演化理論，稱為「用進廢退說」，雖然不完全正確，但也為後人的研究開啓了新道路。

※用進廢退說

1. 生物會隨環境變化而改變，常用的器官會變發達，反之則退化，此為「用進廢退」。
2. 這些進化或退化的器官，會直接遺傳給下一代。

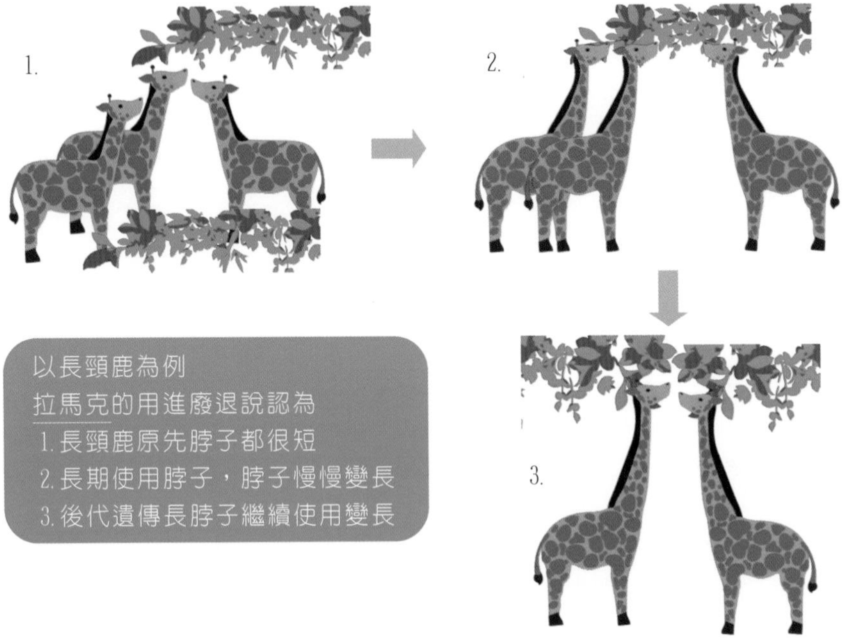
1.
2.
3.
以長頸鹿為例
拉馬克的用進廢退說認為
1. 長頸鹿原先脖子都很短
2. 長期使用脖子，脖子慢慢變長
3. 後代遺傳長脖子繼續使用變長

事實上拉馬克的理論有些問題，生物的確會因為常使用某器官而變發達，反之也會退化，但這樣後天訓練得到的特徵，一般是無法遺傳的，德國科學家魏斯曼，也從老鼠尾巴實驗中推論拉馬克理論後半部分不正確。

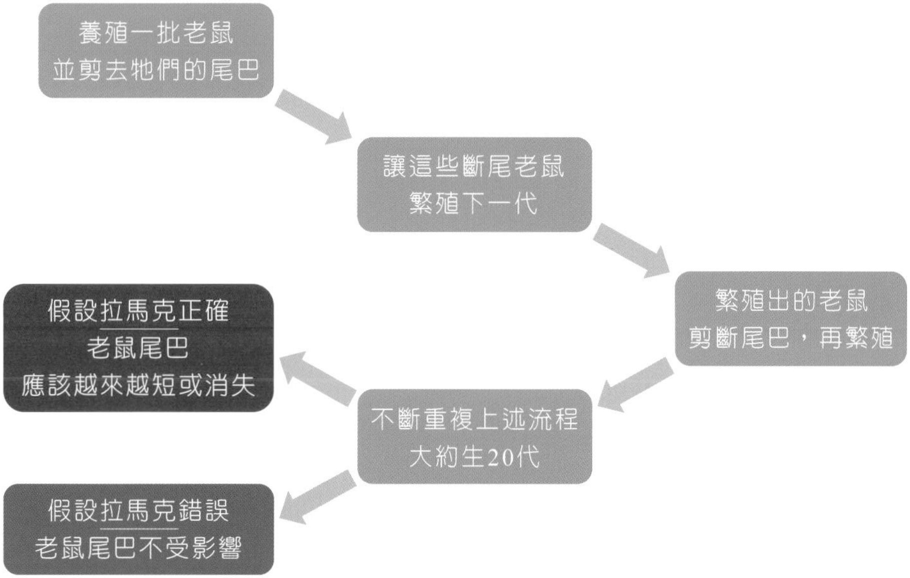


**魏斯曼實驗**

魏斯曼最後的實驗結果為老鼠尾巴不受影響，以此推論拉馬克理論後天獲得特徵可遺傳是錯的。

接下來這位非常有名，就是「物競天擇，適者生存」概念最早的發想人達爾文，這位英國科學家當初受到拉馬克的啓發，搭乘小獵犬號周遊世界，觀察許多不同的動物，其中最有名的屬加拉巴哥群島的「鷽鳥」。

加拉巴哥群島上有許多鷽鳥，長相都非常相似，但若仔細觀察就會發現有些許不同：

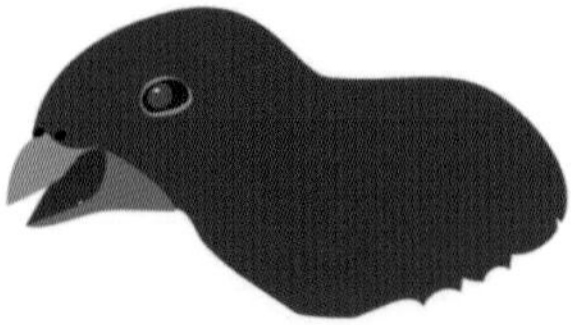

鳥喙厚，適合敲碎種子取食

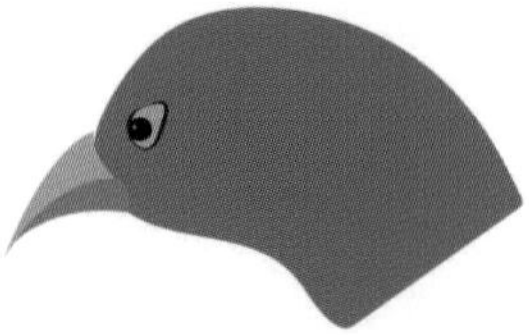

鳥喙尖細，以便從樹幹中叼蟲取食

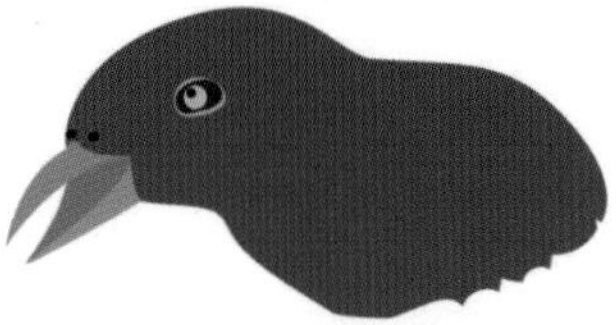

鳥喙稍厚，可吃仙人掌的莖



達爾文發現這些都屬於鷽鳥，但各自卻有著不同的特徵與食性。由此開始推測，他認為這些鷽鳥應該都有共同的祖先，而到島上因應各個環境與食物的不同，各島的鷽鳥開始演化出不同型態，以適應環境的不同。

最後在結束旅程後，達爾文整理了自己觀察與推論的結果，並提出「天擇說」。

※天擇說

1. 同物種間構造或功能會有差異，當過度繁殖時會導致資源不足，引發生存競爭。
2. 生存競爭中，較能適應環境的個體，才能存活下來產下後代，久而久之改變整個群體。

同樣以長頸鹿為例
達爾文的天擇說認為
1. 長頸鹿本來就有長脖子與短脖子 （個體差異）
2. 環境資源慢慢減少，但個體越來越多 （過度繁殖）
3. 脖子較短的長頸鹿吃不到高處的食物，長脖子吃的到 （生存競爭）
4. 最後剩下長脖子長頸鹿存活下來 （適者生存）

我們比較一下拉馬克與達爾文的理論：

| 理論 | 用進廢退說 | 天擇說 |
|---|---|---|
| 提出人 | 拉馬克 | 達爾文 |
| 內容 | 1. 生物會隨環境變化改變<br>2. 常用的器官會變發達，反之則退化<br>3. 後天獲得的改變可以遺傳（X） | 1. 同物種間構造或功能會有差異<br>2. 過度繁殖時會導致資源不足<br>3. 資源不足引發生存競爭<br>4. 生存競爭，較能適應環境的個體存活 |

### 動動腦

事實上拉馬克不正確的地方只要稍微修正就會正確，你能想出答案嗎？

答：生物的改變，有發生在體細胞或生殖細胞兩種情況，如果是體細胞的改變無法傳給下一代，但改變若發生在生殖細胞，就會形成精子或卵子，如此下一代就能獲得親代的改變喔！

最後我們來了解一下現在關於演化在生活上的應用，生物演化的力量通常是靠天擇，也就是大自然來淘汰不適合的生物；而我們人類會依照經濟、醫療需求等去挑選擁有特定特徵的生物進行培育，如金魚就是人類從鯽魚培養出來的，乳牛也是將產乳量高的牛挑選後培育出來的，此過程我們稱為人擇。

| 方式 | 負責淘汰者 | 目標 | 例子 |
|---|---|---|---|
| 天擇 | 大自然 | 自然界所有生物 | 保護色 |
| 人擇 | 人類 | 人類所需的生物 | 金魚、乳牛、<br>農作物的培育 |

關於如何區分兩者，事實上有個大原則，不論最後生物為何被淘汰，你只需要注意最後決定生物生死的人即可，若是被天敵或環境淘汰，即屬

天擇，而只有被人特別去挑選的情況我們才會稱為人擇喔！

### 動動腦

人類對可殺死細菌的抗生素使用非常小心，因為若使用不慎會導致細菌出現抗藥性，你覺得這是人擇還是天擇的結果？

答：天擇，因為抗藥性並不是人類需求而造成的。

這就有一個非常容易被誤會的天擇與人擇判斷，有一種蛾有深色與淺色兩種：

牠們都生活在淺色樹幹的白樺木上，由於淺色蛾較能隱藏自己，所以一直以來淺色蛾的數量都比深色蛾多。

然而在近年由於人類工業活動興盛，導致白樺木的樹幹被染成深色，導致原本不能隱藏自己的深色蛾擁有了可隱藏的地方，淺色蛾反而無法隱藏自己了，兩者的數量後來顛倒了，請問一下，這樣的情況是屬於人擇還是天擇？

若你有搞懂前面所說的原則，就應該能知道答案是「天擇」。雖然環境是被人類所影響，造成淺色蛾沒有藏身之處，但最後決定蛾生死的人仍是牠的天敵，屬於大自然，所以並不能算是人擇，而是天擇喔！況且深色與淺色也並非因人的需求而生，故更不可能屬於人擇。

## 主題二　演化的證據

在科學我們要證明一件事，勢必要拿出證據，而演化這件事動輒上千萬或上億年，人類生命僅僅只有幾十年，按理來說我們是感覺不到演化的，但由於生物在死後身上堅硬的部分不會立刻消滅，可以存放數萬年，而這些生物殘存的骨骼或生存痕跡會被保留在岩層之中，我們稱為「化石」。

※常見的化石有以下幾種：

1. 古代生物體被掩埋後，礦物質逐漸滲入堅硬的部位，如骨骼、牙齒、細胞壁。
2. 某些遺體會在極低溫或被樹脂封住的情況保存，如冰層猛瑪象、琥珀裡的昆蟲。
3. 生物的生活痕跡，如腳印、糞便、爪痕。

研究這些化石，能夠大致推斷古代生物的長相，也可以將同類生物拿來做比較，去推測出演化的順序，也是由此才更加證實演化的存在。

現存的生物中，有部分的生物是從古至今一直都活著的，而且構造以及外觀和祖先幾乎沒什麼變化，這種生物我們稱為活化石，如：銀杏、鸚鵡螺、腔棘魚、鱟。

### 動動腦

實際上化石只是演化證據之一，有關演化的證據，你可以上網或查閱資料來了解。

化石在提供演化證據的同時，還能在其他領域提供訊息：

1. 指標化石：這類化石數量多，廣泛分布在特定時代岩層，因此這類化石可以用來判斷地層的年代，如古生代三葉蟲、中生代恐龍。
2. 系列化石：同一種類生物系化石的集合，可以用來了解生物完整的演化過程。

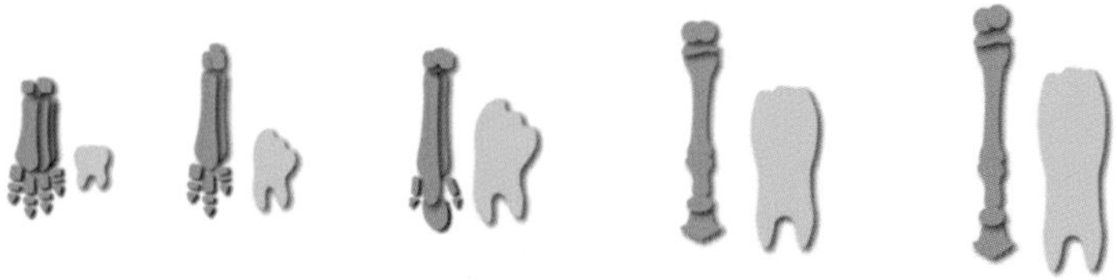

以上是馬的腳趾與牙齒化石。
經觀察得知：馬的腳趾數愈來愈少，
牙齒愈來愈適合咀嚼，
另外，馬的體型也愈來愈大。

**馬的系列化石**

## 主題三　生物的演化

這裡會先整理地質年代，以及各種生物出現的時間，在之後的章節會介紹各生物的特徵：

| 地質年代 | | 海洋生物 | 陸生植物 | 陸生動物 |
| --- | --- | --- | --- | --- |
| 前寒武紀<br>（38億～5.4億年前） | | 藍綠菌 | 陸地荒蕪一片，尚無生物生存 | |
| 古生代<br>（5.4億～2.4億年前） | 初期 | 藻類、三葉蟲 | | |
| | 中期 | 魚類 | 蘚苔類 | 昆蟲、兩生類 |
| | 末期 | 三葉蟲滅絕 | 大型蕨類崛起，裸子植物出現 | 兩生類優勢，爬蟲類出現 |
| 中生代<br>（2.4億～6500萬年前） | | 菊石、魚類 | 裸子植物崛起，被子植物出現 | 大型爬蟲類崛起，哺乳類、鳥類出現 |
| 新生代<br>（6500萬年前～至今） | | 多種生物 | 被子植物崛起 | 哺乳類、鳥類崛起 |

※地質年代是代表某一地層存在的時間

※人類祖先約在200萬年前出現



## 主題四　生物的命名與分類

在你生活周遭的生物，大多都能叫出名字，這些平時所說的生物名，稱為「俗名」，如：麻雀、螞蟻、臺灣黑熊。俗名會因為地區或國家不同而有不同，有時也會讓人誤會，比如山椒魚名字有魚，但牠並不是魚類。

為了解決上述的問題，十八世紀的瑞典科學家林奈提出了「二名法」，以拉丁文幫生物命名，這個名字為「學名」，是國際通用的生物名字。

※二名法命名

1. 學名由兩個字組成，屬名 + 種小名。
2. 屬名為名詞，第一個字大寫；種小名是形容詞，全部小寫。
3. 學名要用拉丁文書寫，並且要斜體或加底線。

以人的學名來舉例：

| 屬名 | 種小名 |
| --- | --- |
| ***Homo*** | ***sapiens*** |
| 人屬 | 智慧的 |

所以人類學名*Homo sapiens*的意思是「智人」。

這節除了幫生物命名，還要做一件比較麻煩的事，那是就是做生物的分類，地球上生物千萬種，為了科學家能夠方便查找或研究，勢必要有一套分類系統。

現行的生物分類法，共有七個層級，高到低依序為界、門、綱、目、科、屬、種。那麼又是如何去分呢？最基本的原則就是親緣關係，也就是彼此之間演化近不近，像人和黑猩猩就非常相近，狗和狼相近等等，而最後若要判斷生物是否同種，要看兩生物是否可以產下具生殖能力的後代。

馬和驢雖然可以產下「騾」，但騾是沒有生殖能力的，代表馬和驢不同種喔！

| 分類階層 | 包含生物數量 | 親緣關係 | 以人舉例 |
| --- | --- | --- | --- |
| 界 | 多 | 遠 | 動物界 |
| 門 | ↓ | ↓ | 脊索動物門 |
| 綱 | | | 哺乳綱 |
| 目 | | | 靈長目 |
| 科 | | | 人科 |
| 屬（學名的屬名） | | | 人屬 |
| 種 | 少 | 近 | 人種 |

再來我們會用一個很大的篇幅慢慢講解各界的生物，首先是目前最泛用的五界分類法：

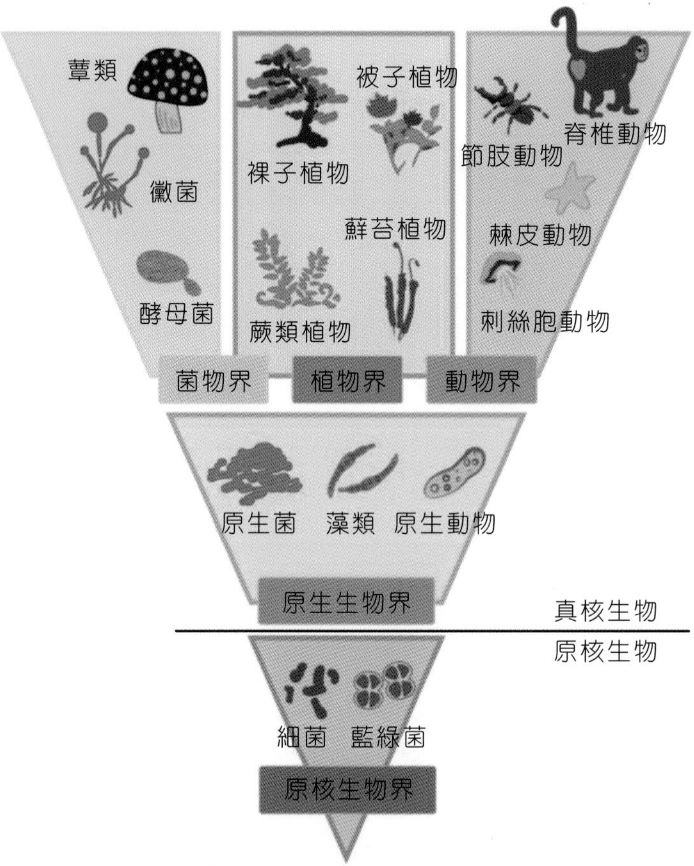


※原核生物：沒有細胞核以及膜狀胞器的生物，全屬原核生物界。

真核生物：具有細胞核與膜狀胞器的生物，包含原生生物界、動物界、植物界、眞菌界。

※病毒是否屬於生物也是一個討論的話題，它具有蛋白質外殼與遺傳物質，但一離開寄主就會失去所有生命現象，所以目前還是不把它歸類在五界生物裡。

## 1. 原核生物界

推測是地球上最早出現也最古老的一群生物，共同特徵是單細胞不具細胞核，主要由細胞質、細胞膜、細胞壁構成，原核生物的細胞壁和植物的構成不同。

若說到原核生物界的物種，原則上所有的細菌皆是，從海陸空到你的周圍、你的手上、甚至是你的體內，到處都充斥的細菌，一般依照形狀分為球菌、桿菌、螺旋菌。

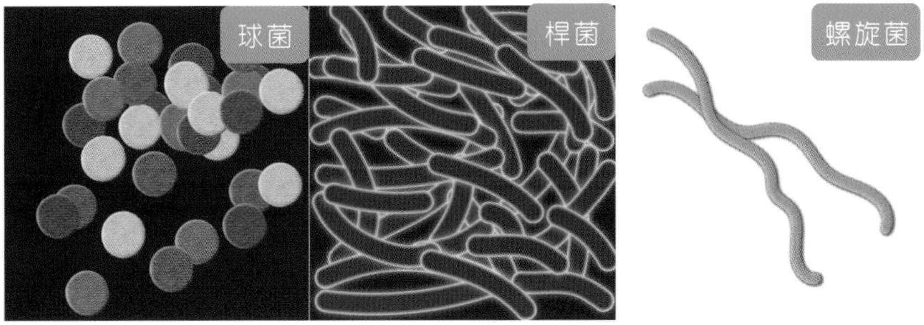


**細菌分類**

在這裡要幫細菌澄清一下，有些人會對細菌有誤解，認為只要是細菌就對人體有害，事實上不然，在你體內有非常多的共生細菌，如大腸桿菌、乳酸菌等等，它們都是對你有益的細菌，當然也有對你有害的細菌，它們進入你體內後會分泌毒素，讓你身體不適，食物中毒也大多是這個原因。

最後，在原核生物界中有一位可以行光合作用的生產者，就是「藍綠菌」，不過原核生物不具膜狀胞器，所以沒有葉綠體，但有葉綠素，這類細菌算是非常古老的存在。

※一般的細菌都是分解者。

## 2. 原生生物界

原生生物開始生物就具有核，也是單細胞居多，此外，這界的生物分類界線較模糊，不過，還是能大致分出以下三種：

| | 原生動物 | 原生菌類 | 藻類 |
|---|---|---|---|
| 細胞壁 | 無 | 有 | 有 |
| 葉綠體 | 無 | 無 | 有 |
| 獲得營養 | 捕食 | 分解外界食物 | 光合作用 |
| 生態角色 | 消費者 | 分解者 | 生產者 |

原生動物屬於單細胞生物，沒有細胞壁，依靠攝食外界食物獲得營養，依照種類不同有些原生動物會有偽足、纖毛、鞭毛等，可以用來移動或幫助攝食，此類生物後續演化成動物界。

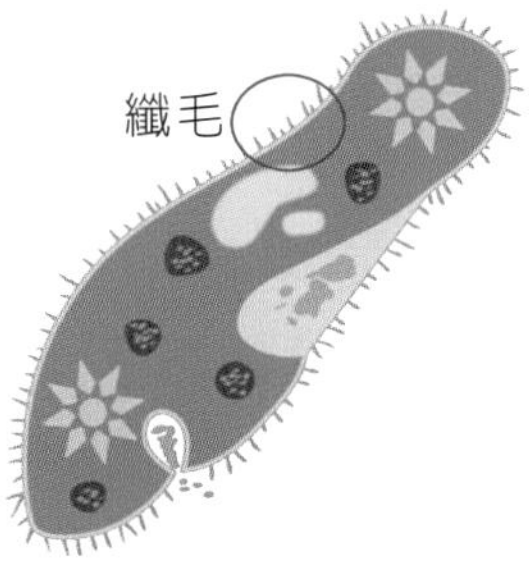


草履蟲── 纖毛

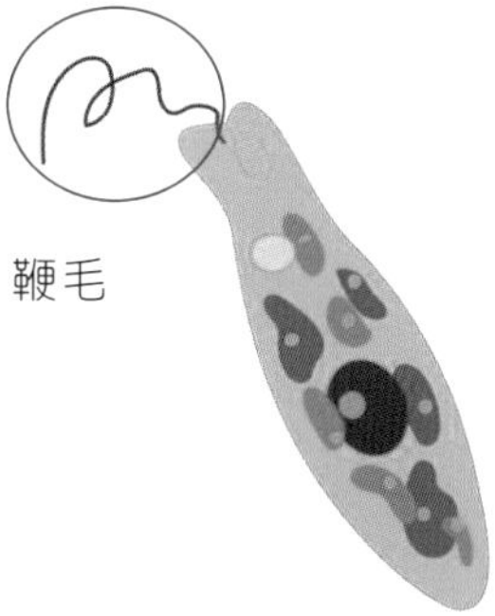


眼蟲── 鞭毛

第二類原生菌類，同樣不具葉綠體，攝食方式是先分解外界的食物，再將養分吸入體內，較為常見的為黏菌與水黴菌，這兩個常常和被當成其他界生物，所以要記清楚喔！

黏菌喜歡潮溼的環境，多是生活在枯枝落葉中，水黴菌則是生長於水中，對養魚的人來說很頭痛，因為它會讓魚生病，此類生物後續會演化成菌物界。

最後一類是藻類，具葉綠體和細胞壁，可以行光合作用，屬於生態系中的生產者，藻類有單細胞的種類，也有大到幾十公尺的大型藻類，原則上生活在各個水域中，此類生物後續演化成植物界。

※藻類會依照顏色來區分：

綠藻：石蓴。

褐藻：多數大型海藻。

矽藻：單細胞，金黃色。

紅藻：紫菜、石花菜。

藻類除了可以食用外，在實驗中也時常用到，原理是將石花菜中的成分提煉出來，稱為洋菜，實驗室中的洋菜膠材料就是來自此處，布丁果凍也是同理，只是實驗對洋菜純度的要求較高，所以實驗室使用的洋菜是非常昂貴的。

矽藻內含矽元素，泛用於電子產業，美國的矽谷就是這樣來的，所以提煉矽藻中的矽元素可以使用在電子產業裡。

※這三類生物各自演化成動物界、菌物界、植物界。

## 3. 植物界

植物界共同特徵，多細胞具有細胞壁，大多有葉綠體可行光合作用，植物界是由藻類演化而來，在漫長的歷史中分支出了多種植物。

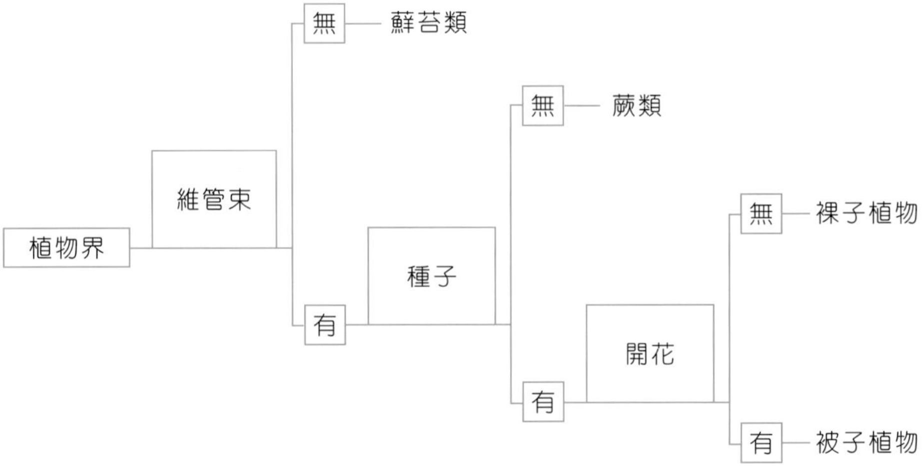

蘚苔類最早出現在陸地，擁有角質層防止水分散失，由於無維管束運輸很慢，所以個體矮小，沒有根莖葉，只有假莖、假根、假葉，是以孢子進行繁殖。

※常見的蘚苔類：

地錢：綠色一片平鋪於地面，很像錢灑滿地，故得此名。

土馬鬃：雖矮小，但它是直立生長。

蕨類開始擁有維管束，水分養分運送變得容易，個體也變的巨大，蕨類的莖通常會埋在地下稱為地下莖，葉子大多是羽狀複葉，和蘚苔一樣使用孢子繁殖。

蕨類

某些蕨類可以食用，比較有名的鳥巢蕨，別名山蘇，另外，比較讓人意外的是現今世界上的煤炭，大多都是由蕨類變來的，古代有許多大型的蕨類，在死亡後被深埋，經高溫高壓作用下形成煤炭，最後是臺灣陽明山很有名的臺灣水韭也屬於蕨類。

接下來的裸子植物與被子植物都屬於種子植物，也是現今較具優勢的植物。

### 動動腦

優勢代表的意思是在當前環境，它的生存方式存活率較高，你認為種子植物有什麼樣的優點，可以讓它擁有優勢？

大多的種子都有外殼，內有養分與新芽，這樣的構造可以保護內部，並遇到適當環境時再開始萌芽，種子植物的精卵結合是依靠花粉管，成功率也較高，環境要求也低，所以才能在當前環境獲得優勢。

不過裸子植物和被子植物間還有差別的：

| | 種子 | 花粉管 | 果實 | 生殖器官 |
|---|---|---|---|---|
| 裸子植物 | 有 | 有 | 無 | 毬果 |
| 被子植物 | 有 | 有 | 有 | 花 |

裸子植物的生殖使用毬果：

毬果分為雄毬果與雌毬果，雄毬果的鱗片可以飛到雌毬果上，長出花粉管，進行精卵結合。

目前較為常見的裸子植物有松、杉、柏、紅檜、銀杏等，這些大多都是生活在寒冷地帶的針葉植物，而關於它們的應用非常廣泛，樹幹直又高大適合做家具或建材，紅檜是神木常見的樹種，其精油可以防蚊蟲，銀杏種子可以食用。

被子植物因為種子會被果實包覆所以稱為被子，也因為會開花，被稱為開花植物，前面介紹植物時就說過，被子植物本身就分為單子葉和雙子葉兩類：

| | 單子葉 | 雙子葉 |
|---|---|---|
| 子葉數 | 1片 | 2片 |
| 葉脈 | 平行脈 | 網狀脈 |

| | 單子葉 | 雙子葉 |
|---|---|---|
| 維管束 |  散生 | 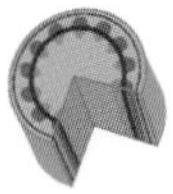 環生 |
| 花瓣數 |  3倍數 |  4、5倍數 |
| 根系 |  鬚根系 |  軸根系 |

這裡也給一些單子葉與雙子葉的舉例：

單子葉：玉米、竹子、蔥、百合。

雙子葉：向日葵、杜鵑、花生、蘿蔔。

當然還有很多，若你有興趣可以上網查查身邊的植物，看看它們是屬於哪類喔！

最後我們來比較一下四類植物的差異吧：

| | 蘚苔類 | 蕨類 | 裸子植物 | 被子植物 |
|---|---|---|---|---|
| 角質層 | 有 | 有 | 有 | 有 |
| 維管束 | 無 | 有 | 有 | 有 |
| 根莖葉 | 無 | 有 | 有 | 有 |
| 繁殖方式 | 孢子 | 孢子 | 種子 | 種子 |
| 花與果實 | 無 | 無 | 無 | 有 |

## 4. 菌物界

菌物界又稱為真菌界，有細胞壁但沒有葉綠體，所以也要從外界獲得養分，真菌們生活方式主要是寄生或腐生，寄生就是你平常所知道的，寄生在動植物身上吸取它的養分，人的香港腳就是真菌寄生在腳上；而腐生是專門分解動植物遺體來獲得養分，這類會是生態系中的分解者。

真菌界的分類大致為三種，酵母菌、黴菌與蕈類。

酵母菌為真菌中唯一單細胞的一群，沒有菌絲，它們在你的生活中挺常見的，由於它在無氧氣的環境下可以進行發酵，可以將糖變成酒精來釀酒，或在烘培時利用發酵產生的氣體讓麵包變得蓬鬆，是一種非常好用的真菌。





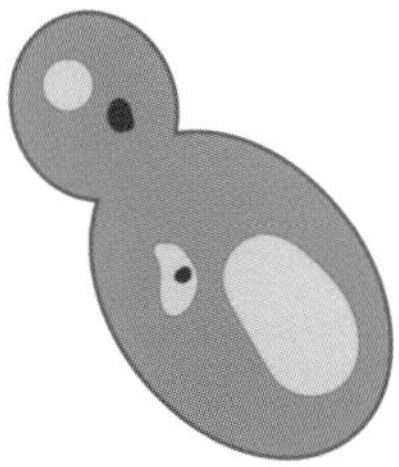

酵母菌——出芽生殖，
平時只有一顆

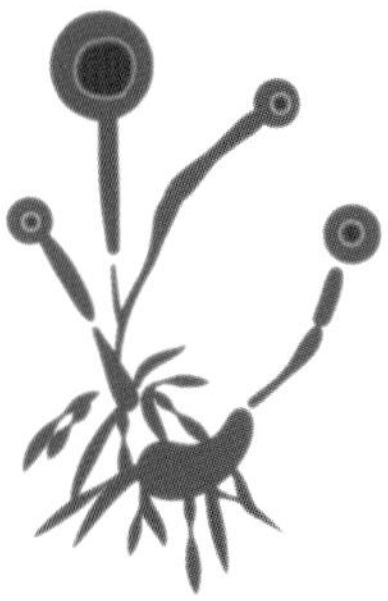

黴菌

黴菌就比較讓人又愛又恨了，它具有菌絲，你第一次認識它，大多是在一些壞掉的食物或一些易發霉的物體上，看起來黑黑綠綠的，而香港腳的主要原因，也是因為黴菌的關係，但它也並不是只有討人厭的地方，大名鼎鼎的藥物「抗生素」，就是由黴菌所產生的喔！

蕈類就是你所知道的菇類，外型為傘狀，傘內有孢子並長滿菌絲，大多生長在腐木或地上，有可食用的木耳、香菇等，也有擁有劇毒的種類，通常顏色愈鮮豔代表它毒性愈強，所以遇到菇類千萬不要亂拔起來吃喔！

蕈類

最後的三者比較：

| | 酵母菌 | 黴菌 | 蕈類 |
|---|---|---|---|
| 菌絲 | 無 | 有 | 有 |
| 細胞數 | 單細胞 | 多細胞 | 多細胞 |

## 5. 動物界

動物界實在包含太多的生物了，所以我們會用下一個分類階層，也就是「門」，來介紹一些比較常見的生物，那話不多說就來看看吧。

### (1)刺絲胞動物門

刺絲胞動物大多都是水生，攝食和排泄只用一個開口，這樣屬於囊狀消化腔，成員多具有觸手，觸手上有刺絲胞用於捕食或防禦，使用時內部的刺會彈出。

刺絲胞動物常見的有海葵、水母、珊瑚蟲等。

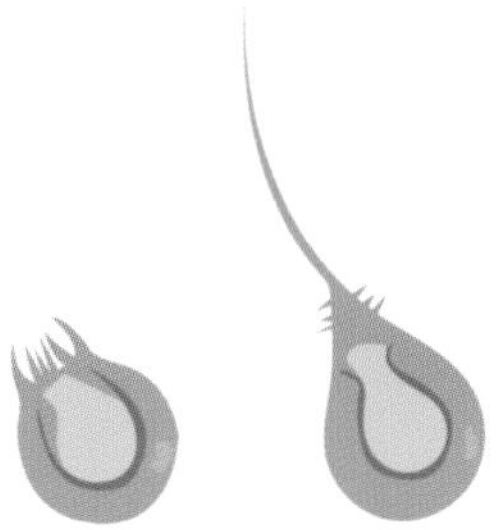

刺絲胞
（左為收起，右為彈出）

水母

珊瑚

※珊瑚實際上是珊瑚蟲分泌的石灰質變成的，珊瑚並不是一種生物。

### (2)扁形動物門

扁形動物身體扁平，方便擴散作用和周圍交換物質。

常見的扁形動物有渦蟲、吸蟲、條蟲，吸蟲和條蟲主要靠寄生維生，渦蟲則是吃小型水生生物。

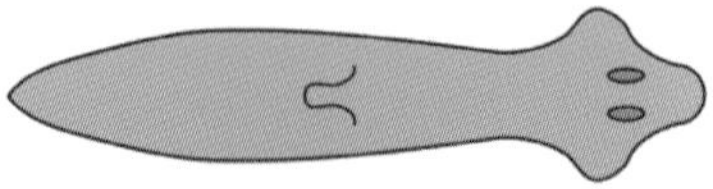

渦蟲

(3)軟體動物門

軟體動物身體柔軟，大多有堅硬的外殼以保護自己，但也有殼已經退化的種類。

常見的有殼軟體動物有蝸牛、蛞蝓、貝類等；殼退化的如烏賊、章魚。

蝸牛

章魚

(4)環節動物門

環節動物身體柔軟且分節，每節外型相似。

常見的環節動物如蚯蚓、水蛭等。

蚯蚓

(5)節肢動物門

節肢動物門是目前已知數量最多的生物，一般的節肢動物分節，各自有不同功能，外面包覆堅硬的外骨骼保護身體，要成長時會脫去舊殼。

常見的節肢動物有昆蟲、蜘蛛、蝦蟹、蜈蚣、馬陸等。

蜘蛛

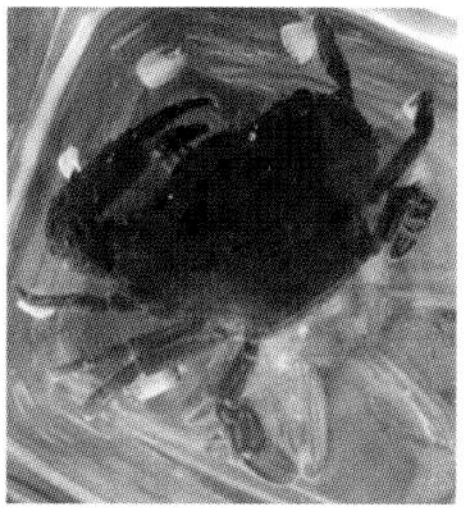

螃蟹

※昆蟲是節肢動物最大的一類，分成頭、胸、腹三節，每一節一對步足，共六隻腳，部分種類擁有翅膀，有一對翅或兩對翅。

一對翅：蒼蠅、蚊子。

兩對翅：蜻蜓、獨角仙。

蒼蠅

蜻蜓

昆蟲另一個特殊的地方是生長的過程，毛毛蟲變蝴蝶你一定知道，這只是昆蟲成長方式的一種，主要分成完全變態和不完全變態兩種。

完全變態是幼蟲到成蟲過程中會經歷蛹期，整體構造會大改變，所以稱為羽化，幼蟲和成蟲通常食性有很大不同，不會彼此競爭。如：蝴蝶、蚊子。

不完全變態從幼蟲到成蟲都長得非常相似，只是從小隻成長成大隻。如：蚱蜢、蟋蟀。

## ※昆蟲成長歷程

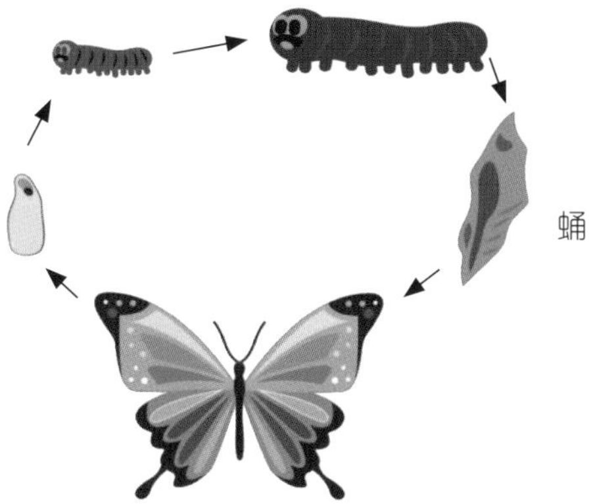


完全變態

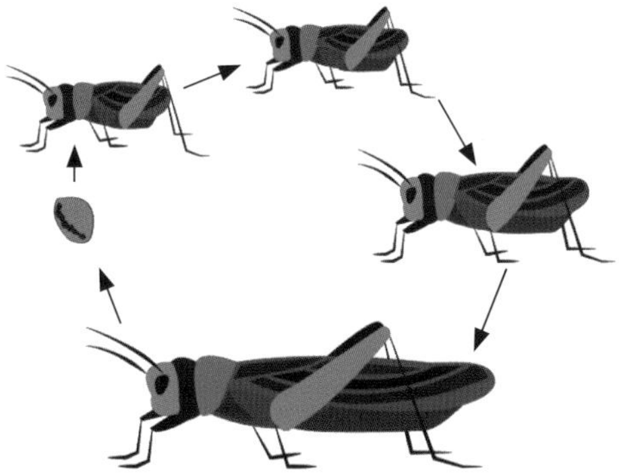

不完全變態

(6)棘皮動物門

棘皮動物多生活在海洋中，體表有棘，體內有管狀構造伸出體外後為管足。

常見的棘皮動物有海星、海參、海膽等。

海參

海星

(7)脊索動物門

這一門動物非常常見，主要特徵是都具有脊椎骨，而我們再往下細分：

**魚類**

生存於水中以鰓呼吸，體表有魚鱗，依骨骼不同分為軟骨魚與硬骨魚。

軟骨魚具有鰓裂，生活在海洋中的鯊魚、魟魚皆屬此類。

硬骨魚具有鰓蓋，依靠魚鰾控制在水中浮沉。

小丑魚（硬骨魚）

鯊魚（軟骨魚）

兩生類

通常此類生物幼體與成體會生活在不同地方，幼體會使用鰓呼吸且生活在水中，在經過成長之後成體使用肺呼吸並生活在陸地上。

兩生類除了用肺呼吸外，也會用皮膚呼吸，所以時常會讓皮膚保持溼潤，體外受精。

常見的兩生類有青蛙（無尾）；蠑螈、山椒魚（有尾）。

青蛙

山椒魚

## 爬蟲類

爬蟲類以肺呼吸，體外有鱗片或骨板防止水分散失，生殖為體內受精，屬於外溫動物。

常見的爬蟲類有蜥蜴、龜、鱷魚、變色龍等。

龜

變色龍



## 鳥類

鳥類屬於內溫動物，體內受精卵生，由於要飛行的緣故，所以身上布滿羽毛；骨骼中空減輕重量；肺內有許多氣囊；眼睛具有瞬膜，可以在飛行時保護眼睛。

常見的鳥類有麻雀、鴿子等，也有一些不會飛行的鳥類如企鵝、雞。

麻雀

企鵝

### 哺乳類

哺乳類特徵是會分泌乳汁以哺育幼體，體表具有保溫的毛皮，人類表皮雖有毛但已退化，而哺乳類屬於內溫動物，體內受精胎生，有少部分為卵生，如鴨嘴獸、針鼴；另外也有胎盤不發達使用育兒袋的無尾熊和袋鼠，以上皆屬於哺乳類。

羊

袋鼠

鴨嘴獸

最後比較一下脊索動物門的差異：

| | 受精方式 | 生殖方式 | 體溫調節 |
|---|---|---|---|
| 魚類 | 體外 | 卵生 | 外溫 |
| 兩生類 | 體外 | 卵生 | 外溫 |
| 爬蟲類 | 體內 | 卵生 | 外溫 |
| 鳥類 | 體內 | 卵生 | 內溫 |
| 哺乳類 | 體內 | 胎生 | 內溫 |

演化是一門古老的學問，為了滿足人對生物歷史的求知慾而出現，努力探知生物的根源，即便是現在都還有人對演化抱有不同見解，而這正是科學精神體現的最好地方，大家抱持著自己的看法，彼此質疑、交流並論證，時刻抱持著這樣的心態，是學習科學最好的方式喔！

# 第六章

# 生態與環境

## 前言

生態非常貼近生活，也因為現在環境大變的緣故，這門學科也開始受到重視，在最後的這一章節，我們將討論的是關於生物與生物間或環境與生物間的關係，並且討論人類的出現對於環境所造成的影響，你可以去思考看看，未來環境將會如何變化，而我們又該如何去面對呢？

**動動腦**

人類的出現對環境的衝擊非常大，試著說說你平時在生活周遭所聽過，目前環境受到的考驗或問題？

# 主題一　生態系

你是否記得在第一章所提及的生物組成層次，是由細胞一路到個體，在這邊我們將繼續往上疊加，從個體開始，當同一時間、同一地點的同一種生物聚在一起，稱為「族群」。

再來，同一時間、同一地點的多個族群集合，稱為「群集」，最後群集在加上周圍的非生物因子，如空氣、泥土等組合，就完成「生態系」。

| 個體 | 族群 | 群集 | 生態系 |
| --- | --- | --- | --- |
| 單隻生物 | 同時<br>同地<br>同種生物的<br>集合 | 同時<br>同地<br>多個族群的<br>集合 | 群集 + 非生物因子 |

舉例：

| 層次 | 舉例 |
| --- | --- |
| 個體 | 一個人、一隻貓、一隻螞蟻、一隻鳥 |
| 族群 | 在同池塘裡的所有鯉魚、在同個教室的所有人 |
| 群集 | 在同個池塘裡的鯉魚、蝦、蟹、水草 |
| 生態系 | 池塘裡所有生物 + 所有的環境（石頭、水……） |

由上你可以知道生態系中除了有生物（也稱為生物因子）之外，還要再加上周圍環境的所有物質（非生物因子）才會完整，而生態系中的生物們，在生態學上會依照營養獲得方式有各自的角色：

| 生態角色 | 營養方式 | 舉例 |
| --- | --- | --- |
| 生產者 | 自行產生營養與能量 | 光合作用植物、藍綠菌、藻類 |
| 消費者 | 透過攝食獲得營養與能量 | 哺乳類、爬蟲類、鳥類 |
| 分解者 | 攝食遺骸或排泄物獲得營養與能量 | 原生菌類、細菌、真菌 |

※有些消費者會以遺骸爲食，如禿鷹，此類我們也稱爲「清除者」。

你會發現消費者與分解者都是透過攝食別的生物獲得營養，但兩者其實有決定性的不同，分解者在攝食完後，會將食物内的元素釋放回自然之中，但消費者攝食完後並不會，只會有排泄物，依然要靠分解者將其釋放回自然。



**動動腦**

學會生態系後，你可以到家附近的公園或坐個車到大公園去看看，配合上個章節學到的生物分類，去了解並判斷它們的生態系角色吧！

生物學家們在研究生態系時，會先將目光放在單個生物上面，所以最先研究的是一個族群，而不是整個生態系。

族群會受到環境中的資源或條件等改變影響而改變大小，一般會討論出生、死亡、遷入、遷出，就和人類在計算城市人口一樣。

出生 + 遷入 > 死亡 + 遷出 → 族群變大

出生 + 遷入 < 死亡 + 遷出 → 族群變小

決定以上四項的是環境負載力，環境負載力是指某個地區承載生物數量的最大值，所以當生物數量超過環境負載力的時候，死亡與遷出會增加，而當生物還未超過環境負載力的時候，出生與遷入會增加，所以族群是不可能無限增大的，會依照當地的環境產生波動，如此周而復始。

※捉放法

推算族群大小的一種方式，將某區的某生物抓一小部分回來標記，再放回去等一段時間。

再抓一群某生物回來，計算標記與沒標記數量的比值，推估族群大小。

$$\frac{\text{一開始抓來標記數量}}{\text{族群總數}} = \frac{\text{重新抓來的標記數量}}{\text{重新抓來的總數}}$$

為了讓你更了解，我們來試試一個捉放法的問題，首先我想知道某地的梅花鹿數量，所以抓了20隻回來標記，標完後放回原棲地，過了2個月後再抓50隻回來，發現這些梅花鹿有10隻是有標記的，請問梅花鹿的族群總數大概是多少？

解：

$$\frac{\boxed{\text{一開始抓來標記數量}}}{\text{族群總數}}=\frac{\boxed{\text{重新抓來的標記數量}}}{\boxed{\text{重新抓來的總數}}}$$

$$\frac{20}{\text{族群總數}}=\frac{10}{50}$$

計算後族群總數約為100隻。

這樣的方式重複愈多次，再取平均值數量會更準確。

**動動腦**

捉放法也可以拿小珠子來試試看喔，自己標記並推算有多少個珠子吧。

# 主題二　生物間的交互作用

生物生存於自然界中，彼此之間一定會有關聯，不論是合作、捕食等都可以算做是生物間的交互作用。

假設A和B是交互作用的雙方：

| 交互作用 | A | B | 關係說明 | 舉例 |
| --- | --- | --- | --- | --- |
| 捕食 | O | X | A吃B | 獅子吃羚羊、<br>鳥吃毛毛蟲 |
| 互利共生 | O | O | A、B互相有利 | 螞蟻與蚜蟲，<br>螞蟻提供蚜蟲保護，<br>蚜蟲提供螞蟻蜜液 |
| 片利共生 | O | – | A獲得好處，B無影響 | 山蘇依附在大樹上，<br>但大樹無影響 |
| 競爭 | X | X | A、B爭取同資源 | 牛、羊競爭同一地的草 |
| 寄生 | O | X | A寄生在B | 蛔蟲寄生在人類、<br>蝨子寄生在狗、<br>菟絲子寄生在樹上 |

O：有益　X：有害　–：無影響

這樣的交互作用關係，人類也會拿來利用，這個稱為「生物防治」，例如將鴨子放在稻田中，讓牠去吃一些食稻害蟲，如此可以減少農藥噴灑，鴨子本身的排泄物還可作為肥料，種植出了有名的鴨間稻。

捕食關係中的掠食者與被掠食者之間，在生態系中會一層一層的往上，這樣的關係稱為食物鏈，多條食物鏈互相交疊後變為食物網，食物鏈的最底層通常都是生產者，往上為初級消費者、二級消費者、三級消費者等，以此類推。

食物網愈是複雜，參與物種愈多，這個生態系就會愈穩定。

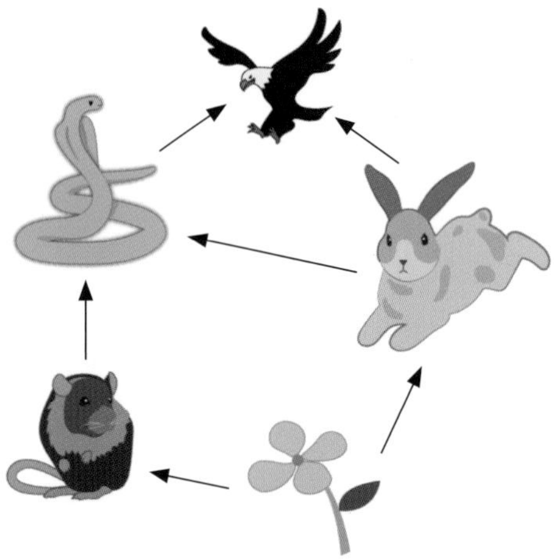

食物網（箭頭表示被誰吃）





生態系中在食物鏈的作用下，能量也會隨著食物鏈由生產者一路往上流動，生產者藉由光合作用將太陽能帶入生物界，再經過消費者呼吸作用將能量從葡萄糖中取出使用。

生物在使用能量時，保留的比率實際上很低，大約只有10%的能量可以被生物存起來或轉成自身的構造，剩餘90%會以熱能的形式流失，所以當一個食物鏈愈長的時候，最上面的消費者能量就愈少，這也是大多數高級消費者個體少的原因。

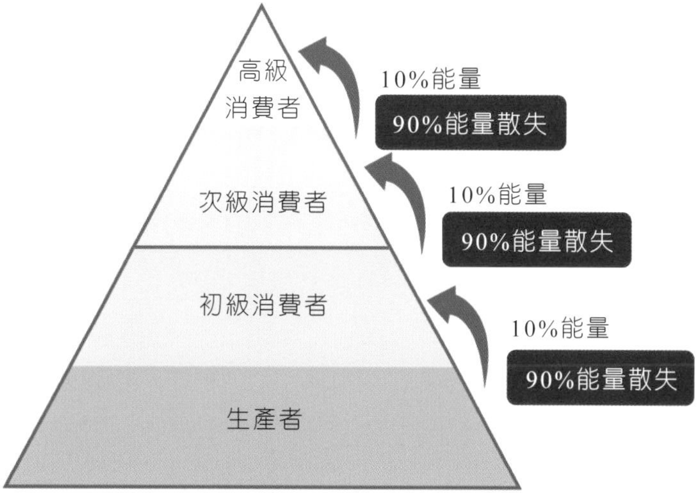


能量金字塔



# 主題三　物質循環

某些組成生物的重要物質或元素，如水、碳元素、氮元素都會在自然界與生物中不斷循環與利用，所以接下來我們要看的就是這些物質如何流轉於兩界之中，首先為水循環。

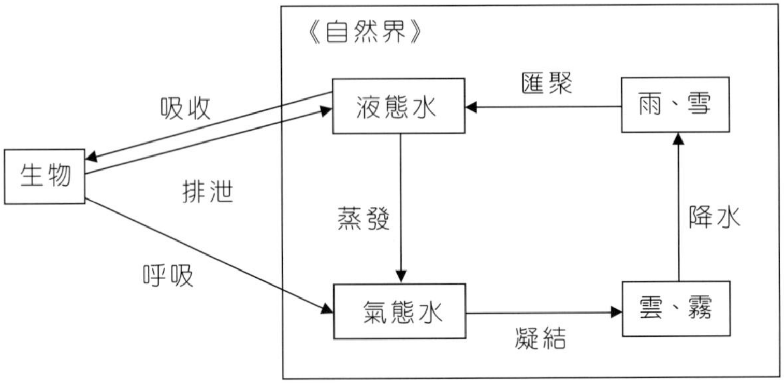


**水循環**



水在自然界中本就會自行循環，各處的液態水會蒸發變成氣態，空中凝結成雲霧，最後雨或雪到地面匯流成河、湖、海。

生物原則上是取用液態水，身體多餘的水會從排泄、呼吸時呼氣、植物蒸散作用，用這些方式參與水循環。

第二個為重要循環為碳循環，自然界會由二氧化碳（$CO_2$）進入生物中，而生物這邊是靠生產者，利用光合作用將碳固定成醣類，之後會被消費者攝食，分解者再分解兩者的遺體，會將碳元素再次釋放回自然達成循環。

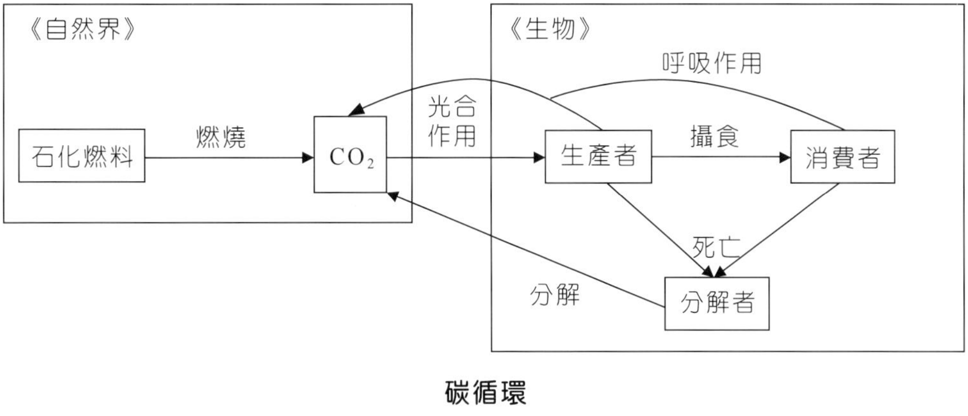


**碳循環**

石化燃料是古代生物的遺體掩埋後，經過高溫高壓作用形成的，人類在學會應用後開始大量使用，所以目前自然界中的二氧化碳還在上升中，這也是造成全球暖化的主因，關於此議題後續討論人類與環境會再提及。

最後一個循環為氮循環，氮循環實際上非常複雜，但在這邊第一次看見所以我們用比較簡單的形式講解，若你對詳細有興趣可以上網查更深入的資料。

氮隨手可及，因為空氣中占最多的氣體便是氮氣（$N_2$），但氮氣不可以直接被生物使用，要先被微生物或閃電作用，變成含氮的養分才能進到生物體內，之後就跟碳循環一樣在生產者、消費者中利用，最後被分解者分解回歸自然。

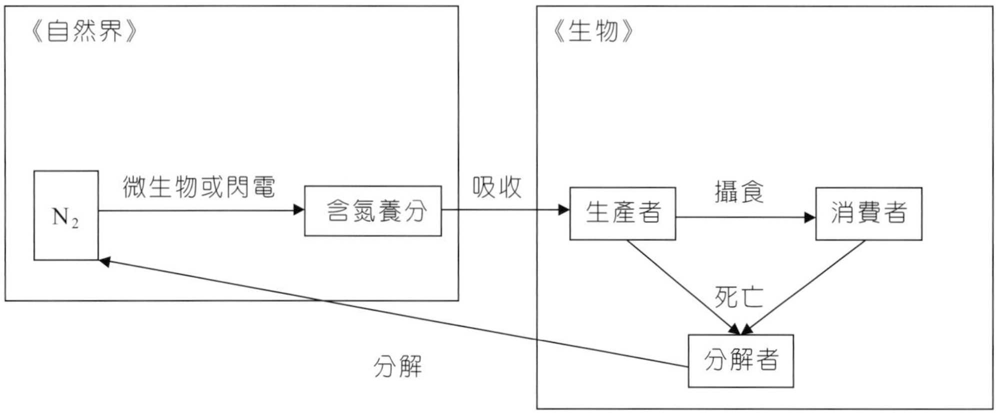


**氮循環**



## 主題四　多樣生態系

地球約有70%面積為海洋，剩餘為陸地面積，生態系自然也會分成陸域生態系與水域生態系，陸域生態系由於沒有水的緣故，容易受到溫度與降雨量的影響。

常見的陸域生態系有以下幾種：

| 生態系 | 年雨量 | 生產者 | 消費者 |
| --- | --- | --- | --- |
| 森林生態系 | 750mm以上 | 喬木、灌木<br>蕨類、蘚苔類等 | 鳥類、昆蟲<br>猴子、熊、松鼠……<br>（物種最豐富） |

| 生態系 | 年雨量 | 生產者 | 消費者 |
|---|---|---|---|
| 草原生態系 | 250～750mm | 矮灌木、草本植物 | 草食性動物、<br>獅子、老虎、獵豹 |
| 沙漠生態系 | 250mm以下 | 耐旱植物<br>Ex：仙人掌 | 昆蟲、蛇、蜥蜴、蠍子 |

原則上雨量會影響該地成為什麼生態系，不過還有可能參雜其他因素，如森林生態系在低海拔或低緯度時因氣候溫暖，樹木葉大而寬，以闊葉林為主，而在高海拔或高緯度氣候寒冷，葉子呈現針狀，以針葉林為主。

草原生態系雖雨量不低，卻有明顯的雨季與旱季，所以植物種子都會靠休眠度過水少的旱季，沙漠雨量則非常少，所以植物大多為耐旱植物，根的分布淺而廣，偶爾遇雨時會迅速開花結果，以提升繁殖後代的機會。

接著是常見的水域生態系：

| 生態系 | | 範圍 | 營養來源 | 生產者 | 消費者 |
|---|---|---|---|---|---|
| 海洋 | 淺海區 | 深度<br>200m以內 | 潮間帶※營養豐富<br>物種多樣 | 藻類、<br>大型水生植物 | 魚類、節肢、<br>軟體動物 |
| | 深海區<br>（大洋區） | 深度<br>200m以上 | 營養少<br>多以遺骸為食 | 浮游藻類 | 魚、蝦、烏賊、<br>深海魚、水母 |
| 淡水 | 溪流 | 流動水 | 營養少<br>多食枯枝落葉 | 浮游藻類 | 魚類、兩生類、<br>節肢、軟體動物 |

| 生態系 | | 範圍 | 營養來源 | 生產者 | 消費者 |
|---|---|---|---|---|---|
| 淡水 | 池塘 | 靜止水淺 | 營養豐富，物種多樣 | 藻類、水生植物 | 魚類、兩生類、節肢、軟體動物 |
| | 湖泊 | 靜止水深 | 營養豐富，但湖底無陽光 | 浮游藻類 | 魚類、兩生類、節肢、軟體動物 |
| 河口 | | 海河交會地 | 鹽度變化大，營養豐富 | 草本植物、紅樹林植物 | 招潮蟹、彈塗魚、水鳥 |

※潮間帶是海水漲退潮的區間

## 主題五　人類與環境

人類的出現對於環境的衝擊極大，學習生物除了對生物的學問有所了解，保育環保也是其中重要的一環，所以接著要討論的，是關於人類面對環境時遇到的問題。

第一個問題是人口問題，醫藥水準的進步下大幅降低人的死亡率，世界人口數呈現爆炸性的增長，截至2019年5月為止世界約有77億人，這個增長還會繼續下去，預計會在2050年成長到90億人。

人口爆炸會出現的問題就是資源不夠，再者也會造成環境更大的汙染，而這個問題目前也沒有得出好的解決方案，人類數量仍然在不斷增加。

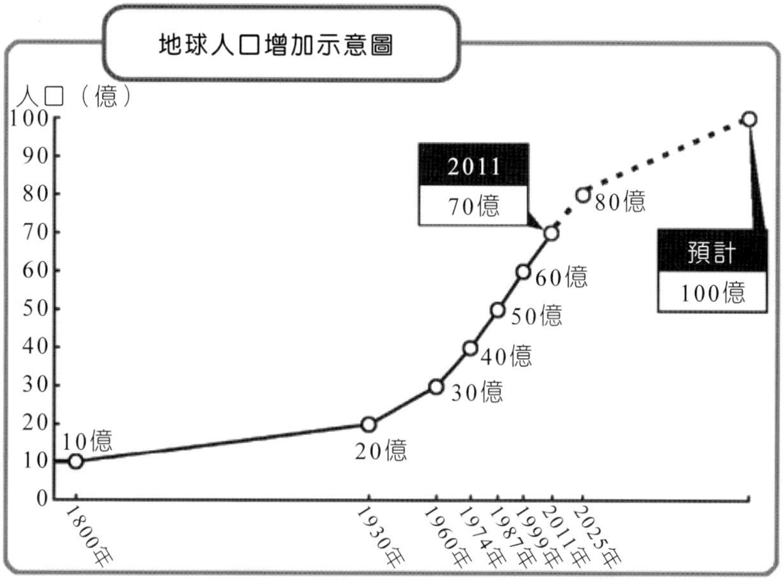

資料提供／聯合國人口基金會

資料來源：https://www.mdnkids.com/nie/nie_indicate/Unit7/W-1001031-15/W-1001031-15.htm

第二個問題就是汙染問題，人類工業革命後這個問題更嚴重，如早期使用在冷氣冷媒或噴霧中的氟氯碳化物，會造成臭氧層破洞導致紫外線直接照射地球。

二氧化硫是工業中會產生的氣體，飄在空氣中與雨水結合會變成亞硫酸，造成所謂的酸雨，大氣中的二氧化碳也因為燃燒石化產物變得過多，導致兩極的冰層開始融解，最後一個是燃燒塑膠產生的世紀之毒戴奧辛，攝入會導致中毒甚至死亡。

以上都只屬於空氣汙染而已，人類對於水資源也造成不少汙染，家庭中使用的清潔劑含有磷化合物會造成水質優養化，重工業中廢水若未經處理，內部含有大量重金屬，也會汙染水源，也有人會隨意丟棄廢棄物到河中，以上行為都會造成水域汙染，且這些汙染都有可能會經由食物鏈進到人體中喔！

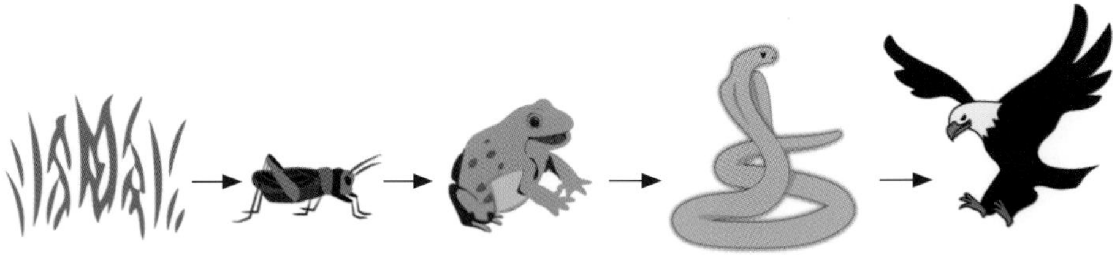

汙染進入人體的方式稱為「生物放大作用」，毒物會隨食物鏈往上而累計，越高級的消費者毒物就會越多，而人類屬於非常高階的消費者，所以放進環境的毒物幾乎都會回到人類身上喔！

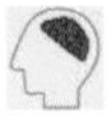
動動腦

以上是人類出現後，對環境造成的危害與問題，有些問題其實可以靠你改變生活方式而改善，但有些的確是很困難，你對這些環境問題有什麼看法或解法嗎？

# 主題六　生物多樣性

隨著環境與生物不同造成的差異稱為「生物多樣性」，我們常常用生物多樣性來做為一個地區的指標，判斷這邊的生態是不是健康的。

生物多樣性有三個類別：

| 類別 | 說明 |
|---|---|
| 物種多樣性 | 一地區中生物種類的多寡 |
| 遺傳多樣性 | 一地區中某生物的遺傳差異<br>（有性生殖會增加遺傳多樣性） |
| 生態系多樣性 | 一地區中生態系數量的多寡 |

所以若是我們要保護一個地區的生態，就要努力去維持這三項指標，以維護其生態健康。當然，在人類出現後多樣性也備受考驗，例如人類需要開墾土地利用資源，相對來說其他生物的棲地就會減少，或在工業發展造成汙染也會影響到生物，最後還有引進外來種的問題，外來種如琵琶鼠魚、小花蔓澤蘭、紅火蟻等，會造成問題通常都是太過強勢且無天敵，這會排擠原棲地的物種，對生物多樣性造成衝擊。

# 主題七　保育

較為早期的保育觀念是保育瀕臨絕種的生物，後來出現生物多樣性概念後，保育目標變為維持整個地區各物種的平衡與棲地維護。

國際間也簽了一些條約來約束各國進行保育或維護環境：

| 條約 | 內容 |
|---|---|
| 華盛頓公約 | 限制野生動物的買賣 |
| 拉薩姆公約 | 強調溼地保育 |
| 京都議定書 | 規範各國碳排放量 |
| 蒙特婁議定書 | 限制氟氯碳化物的使用 |
| 生物多樣性公約 | 期望生物多樣性與經濟發展獲得平衡 |



臺灣在保育方面，除了立法保護特定生物外，還設立了自然保留區、野生動物保護區、自然保護區、國家公園等等，目前臺灣共有9個國家公園，平常除了學術研究外，也提供遊客休憩遊玩，所以在這邊也推薦你去多走走看看喔！

最後，也在這裡提醒你，這類保育區中的所有動植物，甚至是路邊的一塊石頭，都是不能破壞也不可以帶走的，若違反是屬於違法的，要特別注意。生物只要用你的眼睛仔細觀察就好了，不需要去影響它們的生活。

### 動動腦

你覺得世界各國有什麼未注意到需要保育的事情嗎？說說你的想法。

恭喜你，基礎的生物內容到這邊已經告一段落了，生態和你的生活息息相關，在讀完這邊後，希望你能夠想想自己的生活，是否有對環境造成很大的危害呢？若是有，期望你能夠開始改變自己的生活方式，開始關心你周遭的環境，地球只有一個，需要我們一起來進行維護！

國家圖書館出版品預行編目資料

國中生物一點都不難／張子方作. -- 三版. -- 臺北市：五南圖書出版股份有限公司, 2023.04
面； 公分
ISBN 978-626-343-961-0（平裝）

1.CST: 生物 2.CST: 中等教育

524.36 112004176

ZC22

# 國中生物一點都不難

作　　者 — 張子方（271.8）
企劃主編 — 王正華
責任編輯 — 曹筱彤、張維文
封面設計 — 陳亭瑋
插圖設計 — 凌文亭
出 版 者 — 五南圖書出版股份有限公司
發 行 人 — 楊榮川
總 經 理 — 楊士清
總 編 輯 — 楊秀麗
地　　址：106臺北市大安區和平東路二段339號4樓
電　　話：(02)2705-5066　傳　　真：(02)2706-6100
網　　址：https://www.wunan.com.tw
劃撥帳號：01068953
戶　　名：五南圖書出版股份有限公司
法律顧問　林勝安律師
出版日期　2020年11月初版一刷
2022年3月二版一刷
2023年4月三版一刷
2024年7月三版二刷
定　　價　新臺幣320元

童年的祕密
烏托邦
Utopia
奇怪的戰敗
新工具
Novum Organum
理想國
禪學隨筆
Studies in Zen
美學原理
自殺論
Le suicide: étude de sociologie
人的行為：經濟學專論